沟通

SPEAK UP
我们该如何说，又该听谁说

[英]梅根·赖茨 [英]约翰·希金斯◎著
Megan Reitz & John Higgins
蔡影奕◎译

博弈

湖南文艺出版社
HUNAN LITERATURE AND ART PUBLISHING HOUSE
博集天卷
CS-BOOKY

著作权合同登记号：图字 18-2021-189

图书在版编目（CIP）数据

沟通博弈 /（英）梅根·赖茨（Megan Reitz），（英）约翰·希金斯（John Higgins）著；蔡影奕译. -- 长沙：湖南文艺出版社，2021.10
书名原文：Speak Up
ISBN 978-7-5726-0316-7

Ⅰ.①沟… Ⅱ.①梅… ②约… ③蔡… Ⅲ.①人际关系学—通俗读物 Ⅳ.①C912.11-49

中国版本图书馆 CIP 数据核字（2021）第 154989 号

上架建议：成功·沟通艺术

GOUTONG BOYI
沟通博弈

作　　者：〔英〕梅根·赖茨（Megan Reitz）
　　　　　〔英〕约翰·希金斯（John Higgins）
译　　者：蔡影奕
出 版 人：曾赛丰
责任编辑：刘雪琳
出　　版：湖南文艺出版社
　　　　　（长沙市雨花区东二环一段 508 号　邮编：410014）
网　　址：www.hnwy.net
印　　刷：三河市中晟雅豪印务有限公司
经　　销：新华书店
开　　本：875mm×1230mm　1/32
字　　数：180 千字
印　　张：8
版　　次：2021 年 10 月第 1 版
印　　次：2021 年 10 月第 1 次印刷
书　　号：ISBN 978-7-5726-0316-7
定　　价：49.80 元

若有质量问题，请致电质量监督电话：010-59096394
团购电话：010-59320018

《沟通博弈》所获赞誉

如果你花时间思考和实践这本书的核心信息，你的事业、组织和社会都能受益匪浅。

——安德鲁·布朗姆，安理国际律师事务所首席信息官

帮你驾驭工作对话中权力与政治的行动指南。

——德斯·狄洛夫和斯图尔特·克拉纳，全球思想家50人

对权力说真话从未像今天这样至关重要，包括找到我们自己的声音，以及帮助他人发掘他们的需求意识、同情心以及技巧。梅根和约翰对"说出内心真实的复杂性"的研究成就了这本指南，这是我很长时间以来读过的最好的"行动"指南之一。

——玛丽娜·博尔顿，
英国文官队伍组织发展、设计和学习人力资源主管

为个人畅所欲言创造适宜的条件是一种很重要的组织能力。本书将就此引发思考，并提供实操工具。

——赛林·沙库里-迪亚斯，
北大西洋公约组织（NATO）人才和组织发展主管

体育世界的一切都是关于人们在高压环境下所展现出的性格。谈话质量是性格的一个重要组成部分，这本书给你提供了一个清晰的框架，让你了解如何在真正重要的时刻说出真正重要的话——在压力消失、做什么都无法改变结果之前。

——约翰·尼尔，英国板球委员会教练发展主管

梅根和约翰的研究对领导者们来说，是一个及时且重要的指引，帮助他们了解如何发挥自己的影响力，将组织文化引向开放和尊重。

——约翰·什罗普希尔，G's Fresh董事长

快速变化的环境下，领导者需要迅速、全面和妥善地做出决策——这很难，除非他们知道该如何好好说话，也能引导别人好好说话。这本书就提供了方法指导。

——马克·埃斯波西托，
霍特国际商学院商业与经济学教授，哈佛大学教师

沃尔特·司各特爵士曾经感慨，我们编织了一张多么复杂的网啊。梅根·赖茨和约翰·希金斯为我们提供了一个迷人的视角，来探知复杂的权力、缄默不言和畅所欲言的艺术。如果你想让自己更有发言权或是帮助其他人拥有发言权，就来读这本书

吧。它不容错过。

有价值的洞察和具体的行动方法，对所有想在自己所处组织内创造一个更开放、向好及高效环境的人来说，这本书非读不可。

本书呈现了一系列关于"我们对周围人产生的影响"的重要课程。它不仅讨论了表达，还讨论了为什么其他人会被忽视——如果想做到有效领导，这会是你不能错过的一课。

公开场合的交流对个人和组织运作都至关重要。梅根的《说话的奥秘》与我们韦斯特通力合作，为人们的交流点亮明灯，也提供了让交流习惯变得更好的方法。

这本不可多得的好书，谈论了一个相当重要的话题。作者梅根·赖茨和约翰·希金斯提供了一个特殊的视角，让人能设身处地理解"在工作场合发声"的不易。他们带领读者一起梳理那些导致其对有价值的想法和观点选择闭口不谈的微妙原因。他们提出的既实用又严谨的TRUTH框架，总结出了帮助每个人找到自己声音的核心要素。

——艾米·埃德蒙森，哈佛商学院教授，

《无畏的组织》的作者

别再只是鼓励人们去说，相对地，应该去创造社交空间，让每个人说话都能真的被听见。梅根·赖茨和约翰·希金斯向我们展示了究竟该如何做，而不是盲目反抗不允许发言的情况。

——尼洛弗·麦钱特，《唯一性的力量》的作者

找到我们自己的声音，以及帮助他人发掘他们的需求意识、同情心以及技巧。这本书针对如何做到上述之事以及在我们的工作场合创造开放性对话提供了重要指引。

——迈克尔·查斯卡尔森，畅销书作家，

《八周正念》和《心理时间》的作者；全球思想家50人雷达

在拥有了三十年部队服役、管理咨询、银行以及私募股权机构的综合经历后，我发现自己被一个事实吸引：能够畅所欲言是

一种文化优异表现的标志，但它很少被详细讨论和理解，能够参与这次研究的早期阶段以及通过阅读本书来学习，对我成为一个合格的领导有很大帮助。

——鲁万·威拉斯凯拉，瑞银投资银行前首席运营官
兼中国工商银行标准银行高级独立董事

约翰·希金斯教会我如何对掌权者说真话。一次酣畅淋漓的表达经历让我的声音被人听见，也让我对自己保持真实。对所有想在工作场合增加个人影响力的人来说，希金斯与梅根·赖茨合著的全新力作都是一本不可或缺的实用指南。

——戴安娜·乔伊列娃，伊诺多经济公司首席经济学家，
《中国商店里的账单》的作者

关于作者

　　梅根·赖茨是霍特国际商学院阿什里奇高管教育学院领导力与对话方向的教授。在那里，赖茨教授就领导力、改变、对话和正念开展演讲、研究及咨询。她跻身全球商业思想家"Thinkers50"名单之中，并被英国《人力资源》杂志于2019年评选为"最具影响力思想家"之一。她向全世界倾力呈现自己的研究成果，并推出了自己的著作——《组织里的对话》和《专注时刻》。在组织系统内，人是如何结识、看、听、说、学习以及关心彼此是她的研究热情以及好奇心的源泉。她是两个女孩的母亲，孩子们都十分优秀，并且会定期严格测试她的正念能力及对话能力。

　　约翰·希金斯把生活视作一个持续性的研究项目，并致力于通过个人和专业的结合，找到将难以察觉的工作习惯融入日常生活的办法。他是"正确沟通"的研究主管，并在开发"发声指数"（一种衡量组织透明度的指标），同时也是GameShift机构的研究员。希金斯与阿什里奇高管教育学院组织变革方向的硕士及博士合作出版了大量关于组织变革的文章，基于自己在精神分析领域的丰富经验，他的著作都带有大量的洞察与深思。

鸣谢

我们要感谢每一个参与研究的人，正是大家的努力为这本书奠定了坚实的基础。诚然，由于一些商业和组织机构上的敏感性，以及公众认知程度可能会改变他们对自己话语权的看法和评估，许多人的名字未能出现。但你知道是谁，我们也希望这本书公正地传达了你们的看法和声音。

我们要感谢霍特国际商学院阿什里奇研究团队，尤其是维克托·尼尔森、艾玛·戴和格蕾丝·布朗，他们以高度的热情和专业支持了我们的工作，还有艾丽卡·卢卡斯，她不遗余力地宣传和交流我们的发现和想法。我们也要感谢培生集团《金融时报》团队，特别是我们的编辑埃洛伊丝·库克很有价值的指导意见。

最后，大大的感谢献给德尔塔7（Delta7）的朱利安·伯顿，他花了大量时间与我们一起探讨如何将我们的发现用艺术性插图表现出来，也帮助我们从另一个全新的角度了解这部作品。

献给

史蒂夫，米娅和夏洛特
以及
罗西，利维亚和伊泽贝尔

目 录

Contents

前言

今天，就像平时的每一天一样，你需要选择什么时候开口表达，什么时候保持沉默，你也需要选择采纳谁的意见，而对谁的意见置之不理。

不管是过去还是未来，你做出的选择都会成为习惯，并且决定你是能得到晋升还是会遭到排挤。无论你是想独善其身，还是正深陷麻烦；无论你为自己那些说出口或没说出口的话感到骄傲或是羞愧；无论你是春风得意、干劲十足，还是满腹抱怨、心怀怨怼，选择都会存在，而且会对你产生影响。

说话和倾听方式看似不起眼，却会成为一个人的习惯，并且深刻地影响你及别人对你这个人的印象，它们对你和你身边的人都能发挥决定性的作用。

在这本书里，你将学到自己对于相对权力、地位和权威的看法是如何影响你和你的同事所说的话，以及你究竟该听谁的。尽管这些看法往往是在无意识中产生的，你也要学着发现、观察和影响它们，最终让自己做出更好的选择。

阅读这本书能帮助你：

☆ 意识到是什么让你在工作中不敢发言，就算发了言也没多少人听见。

☆ 学习如何能自信表达，并且能让你的话被人认真听取。

☆ 掌握增加个人影响力的方法，即通过主动制订计划而不仅仅是随大溜。

☆ 意识到为什么别人不愿意对你开口，并且学习怎样让别人更容易对你敞开心扉。

☆ 创造一个更富有创新精神、更坦诚、更高效，并且更让人满足的工作环境。

无论你身处组织中的哪个阶层，你都能做点什么让自己在发表意见时感到更安全和有用。

基于数百份访谈和调查反馈，通过人类学研究以及行为研究调查，我们制订了一个实用的TRUTH框架。这本书会向你解释它能对交流、关系以及表现造成怎样的影响。

如果你希望做到更有效地表达和倾听，请认真回答以下五个重要问题：

1.你有多相信自己和其他人观点的价值?

2.当你和其他人表达自己的看法时,需要承担怎样的风险?

3.你是否明白"谁来说、谁来听、说什么、为什么说"这一系列背后的规则?

4.你是否意识到我们会给人冠以各种头衔或者贴上标签,以及这些头衔和标签会如何对话语权产生影响?

5.你是否知道该如何在正确的时间和地点说正确的话,以及如何熟练地通过自己的言行来帮助其他人发声?

是时候好好自我审视了

通过研究,我们发现了一个关于提升工作场合对话能力的重要盲点,认真回答下面的问题,你也许能抓到它的尾巴:

☆ 你是否曾经想过"他们应该多发言"?

☆ 你是否曾经想过"他们太吓人了,应该更加平易近人一点"?

答案是肯定的。其实这么想的远不止你一个人。我们发现的盲点就是,人们总倾向于认为其他人需要改变。这或许有些道理,但在焦急又不耐烦地等待别人改变的时候,我们也不能忘记及时自省,并且从我们自身出发,做出一些改变。

我们经常听到高管们抱怨,认为问题出在公司其他人不敢各抒己见上。

"他们只会等着被安排！他们应该更主动些！"

"他们得有胆子来发起挑战！他们要提出自己的观点！"

于是我们去跟"他们"聊了聊——这些人往往大部分是中层——他们给出了很诚恳的回答：自己是不可能有发言机会的，贸然开口要么意味着不想干了，要么纯粹是浪费时间。

"你知道上一个挑战他们的人的下场吗？ta不见了！"

"他们并不在意——他们早就决定好了。"

但关键在于，表达是与双方有关的。当有人愿意说，而有人愿意听，也知道如何倾听时，它才成立。

我们的研究从各个方面都显示出了一个事实，那就是我们都倾向于相信是其他人的错。我们不说，是因为那个人不会听。我们不听，则是因为那个人老是说不到点子上，或是我们认为对方就是搞不清情况。

我们得知道，我们总是认为自己的观点比别人的观点价值高出大概三分之一（在一些小组测试中，这个价值差甚至高达三倍）。

我们得知道，我们都觉得自己非常平易近人，别人没道理会隐瞒我们任何事。

我们得知道，如果我们每个人都改变自己说话和倾听的方式，哪怕只是一点点调整，整个氛围都能变得不一样。

无论是作为个人、团队、组织，还是社会，我们都得停下这种互相指责的游戏。照照镜子，直面现实：我们是如何让自己闭了嘴，又是如何让别人闭了嘴。

沉默的声音（和它的代价）

沉默就是在一场谈话中选择不发声，它可能意味着原本有些该说的话没说。这是谈话中经常出现的情况。

你是否有过这样的经历：你明知一件事是错的却没有去指正；或者你明知自己心里有一个很妙的点子却没有提出；又或者你的同事、朋友选择向你隐瞒一些事，是因为他们太怕你了，不想让你难堪，跟你说了也没有意义；或者是他们觉得这些事自己无权置喙。

沉默导致的信息缺失会增加人的工作、关系以及生活成本，它意味着一些好的想法可能永远不被人发现，而那些显而易见的问题也无法得到解决。哪怕是全球性的大组织也会为这种沉默头疼不已。

更夸张的是，沉默也许会闹得首席执行官被解雇，满地鸡毛，丑闻、欺诈报道铺天盖地，以及当美好的泡泡被戳穿，公众爆发出的强烈抗议与抵制的反噬。这些并不是平白无故冒出来的，它们正是我们和其他人在一次又一次的谈话中选择保持沉默而种出的恶果。

　　我们摸爬滚打，终于搞清了这些社会门路：该说什么，不该说什么，谁才是拍板的，谁说话没啥分量。不该说的别说，"房间里的大象"等，在我们的默认和顺从下，这些都变成了理所当然的规则。工作并不仅仅意味着把事做完，它还包括融入——被接纳和被承认是团队的一员。而这也就意味着，对现状发起挑战，就算现状里出现的问题真的很小很小，都是有风险的。

　　我们采访了应届毕业生索菲。她加入质量控制小组时热情洋溢、充满干劲。在工作过程中，索菲发现了流程上一个很危险的操作，并向老板提出了自己的疑惑和想法。老板拒绝了她的提议。索菲没有继续尝试，她觉得自己只是个菜鸟，没必要强出头——毕竟找到一份工作不容易，别作死。六个月之后，她接受了这里的处理事情的方式，但随后发生的一起事故永远地改变了她同事的生活，这让索菲陷入了沮丧和自责之中。沉默，滋生了一场本可以避免的事故。

　　再来看看托妮的故事，设想一下，假如你是托妮，是一个事业有成的销售总监。托妮被公司最重要的大客户之一骚扰，她鼓足勇气将这一切报告给上司之后，对方却反过来不耐烦地质问她："你想清楚，说这些话是不是在发出什么错误的信号？"她感到困惑、不满，但在被调职时却没有说出自己的经历。后来，托妮听到另一个女同事被那个大客户骚扰的消息。沉默，纵容了恶行的持续发生。

　　相比之下，斯图亚特，一位才华横溢的销售经理带着他上一份工作中得到的"教育"开始了新工作。之前工作的人和事都让他选择闭嘴别多事，花了一年左右的时间，斯图亚特才重新找回了自己的声音。他遇到了一个耐心的老板，不仅信任他的能力，还不厌其烦地向斯图亚特证明他说的话有人会听、犯错是人之常情等。老板还鼓励他们勇于尝试，并从中汲取经验和教训。这激发了斯图亚特的热情，他发起了一项让人眼前一亮的创新活动，并且让公司产品一跃成为行业内的"爆款"。

怎样才能让你的声音被听见？怎样才能敏锐地意识到公司正在发生的某些事可能会成为明天的头版头条？怎样才能让其他人敢于说出自己的想法，来帮助你更好地应对这个瞬息万变的世界？

答案是：你首先得学会如何带着希望、迎难而上的韧劲、深刻的洞察力和饱满的热情，在这个变幻莫测世界里发出自己的声音，并且帮助其他人发声。

从问题的源头找答案，我们得逼自己不再沉默，也要鼓励别人这样做。稳扎稳打，每次谈话都是一次机会。我们必须从今天起就下定决心，因为只有每个人都勇于开口，表达才不会成为一件"高风险"的事。

安东尼

以安东尼——一家国际设计公司的首席运营官——及其团队的事件为例。

在与我们见面时，安东尼说："让我告诉你们'向权力说真话'的力量。刚来这里工作时，我发现同事们总避开我，哪怕在走廊上遇见，他们也会纷纷扭头走开。但现在我可以很高兴地说，他们愿意跟我有眼神交流了，也敢于有话直说。以前他们都排挤我，现在他们都认可并且尊敬我。"

一周后，我们与安东尼的团队一起举办了研讨会。他们分享自己的见解和故事，并且就自己"作为一个有抱负的公司领导"的话题侃侃而谈。随后，安东尼走了进来，谈话内容立刻就变了，我们能感觉到那种紧张的气氛，所有人讲话的措辞都变得谨慎许多。之前那些热情和观点被一些刻意修饰的、政治正确的发言彻底取代。安东尼受邀发言，他认真地讲了一些自己认为是同事们想听的东西，比如什么是真正的领导力，自己为了做好领导付出了多少，以及为了迎接挑战员工们需要做到什么。

等安东尼离开后，我们问团队有什么是他们刚才没能开口说的。

"跟他有眼神交流、开口发言，都是因为人们害怕他和他手里的权力，毕竟这个人负责重组。"所以跟尊重无关，恐惧才是关键。

唉，好一个"套娃"事件！没人敢告诉安东尼，他们其实在害怕他。回头看整件事，就像是一步错，步步错。他们双方是有机会能互相磨合、协作、创新以及彼此鼓舞的，最终都能做到更好，结果却因为"老人"对现状的默许和"新人"对现实的沉默而没能逃过魔咒。

某种意义上，这种互动似乎无足轻重，也就是无数"昙花一现"式的研讨中出现的再平常不过的时刻。你可能会意识到，也可能不会。可从另一个角度看，这种互动其实非常重要，尤其是当对话成了文化规范的一部分。日复一日，它就会消磨我们的创新热情、削减动力，乃至压缩发展空间，它还会成为谎言和虚假的养分，让人们只能戴上面具，隐藏自己真实的想法而说违心的话。

当我们下定决心来面对这件事时——我们都勇于开口，并且直面后果——至关重要的转折点也许才会出现。毕竟如果放任下去，我们多半会沉浸在愤世嫉俗、疑神疑鬼和逃避遗忘的情绪中无法自拔。不管为了达到目标要费多少口舌、付出何等代价，我们都要努力去付出和尝试。就像是想成为一名成功的女性，在现在这种环境里，我们或许需要变得"比男人眼中的男人更男人"。

一旦我们选择压抑自己的才能、放弃成为最好的自己时，我们错过的东西或许远超想象。

这本书为什么值得一读？

我们假设，或许在某些时候，你想要提升自己的表达和倾听技巧，想拥有更好的团队或组织文化。你或许对"为什么这件事是好事"有自己的理解，但无论如何，最重要的是你需要从现在开始认真搞清楚自己的意图。

如果你想的是改变自己的习惯——每个人都有关于表达和倾听的习惯——那么做出改变的理由就至关重要。改变习惯是件很难的事，如果你的理由不够坚决，那你很可能会遇难而退或者半途而废。毕竟，大多数人的习惯都是经过了尝试和考验后留下来的，并且在大多数情况下，习惯营造的舒适圈往往让人觉得没必要强行改变。

下面有几个关于表达和倾听的相关案例，我们一起来学习研究：

商业案例 1：为发展发声

你或许已经对"工业革命4.0"或者说第四次工业革命有所了解，并且还接收到了各种各样的信息：在美国，接下来的十五年里会有38%的工作岗位上的人被人工智能取代之类的极端观点[1]；新一轮自动化发展会重塑并解放我们每个人，让我们能选择自己最爱或是最擅长的工作之类的争论[2]；也许这个世界会充斥虚假新闻、社会动乱，甚至是别有用心的错误信息之类的担忧[3]。

但无论如何，我们很难想象未来的工作场景是什么样的。我们生活在一个充满变化和未知的时代，谁也不知道什么样的领导方式才是正确的，是能让我们蓬勃发展的。尽管"英雄式领导"[4]在政治领域仍然大行其道，但不管是好是坏，在工作场所，它已经不再受欢迎了。对人们来说，未来是未知的，甚至有可能困难重重，所以，组织内部分配责任制自然越来越受欢迎。或者说，出现了这样一种趋势：鼓励所有员工积极思考、开展协作和主动适应。二十多年前，曾经的技术巨擘惠普的首席执行官说过："只有惠普知道惠普可以将自己的生产力提高三倍。"我们都知道透明及协作的好处，但究竟怎样才能在实践中获益呢？

谷歌、联合利华、网飞这些被誉为世界上最有创新力的公司都在积极倡导表达和倾听的价值。毕竟，还有什么别的办法能让他们像现在这样继续保持充沛的干劲和创造力以及领先的势头吗？诚然，倡导这种文化氛围不难，但想真正在这种氛围下生活却一点也不容易。从"一言堂"转变为"百家争鸣"很难，也很不可控，这要求我们改变谈话的方式——从自上而下统一管理转变成一种更具包容性的、能容纳各方发言的模式，往往与人们熟悉的文化氛围相悖。

我们的研究数据表明，许多高阶领导都面临这样的挑战：让人们敢于表达与其说是帮助弱势者和下位者发声，不如说是在要求组织内那些真正的掌权者和上位者变得愿意去倾听别人的发言。

可事实上，领导者们往往只想听到的是他们的组织，其实多半也就是指他们自己在蓬勃发展。

商业案例 2：为生存发声

2015年9月，某著名巨头企业力压的一个严重缺陷被曝光。大众——这家被很多人一度视为无敌的企业——被指控蓄意篡改柴油引擎排放控制，好让他们的产品能通过实验室测试——但实际上路效果却截然不同。实际驾驶中，汽车排放的氮氧化物比实验室数据最多高出40倍，这几乎违反了所有相关法律和法规的标准。

事发后的几天内，大众股价暴跌三分之一，集团首席执行官马丁·温特科恩辞职，可在这之前，许多高官都拿到了全额的年度奖金。2018年5月，温特科恩在美国以欺诈和共谋罪被刑事起诉。[5]

毫无疑问，在这个事件中，一定有大众职员知道发生了什么，却没有选择出声制止，或者他们就算说了，这些意见也没有被高层采纳。最终，一名员工通过告知监管机构捅破了这层窗户纸。有些报道认为正是组织文化和领导风格使这一切被掩盖。"以后我们需要营造一种不隐瞒、任何问题都能够跟上级公开交流的氛围……在可能和被允许的环境下，你可以和你的上级讨论怎样处理才会更好。"大众汽车工会主席奥斯特罗表示。[6]

如今，报纸头条充斥着各种组织和机构的丑闻：日本财务误报；好莱坞以及其他地方的性侵事件；军队在装备不足的情况下投入战斗；全球供应链默认现代奴隶制的存在；食品被有害物质污染；体育运动中的兴奋剂使用问题，进而导致人们开始怀疑有什么体育英雄或团队是真的值得长期敬佩的。

在我们多年的研究中，丑闻每周都会发生，遍及世界各地和各个领域。涉事人或组织表示"没能勇于对权力说出真话"，最终对客户、投资人乃至整个世界造成严重的不利影响。这些话都成了陈词滥调。

想通过打造一个滴水不漏的管理和问责机制来防止不法行为是极为困难的。英国外包巨头卡利隆以前的运作方式是通过审计师出具的证明确认合格性，再通过内部满意度调查确认董事会的有效性（按照《英国公司治理准则》的要求）。结果它失败得一塌糊涂，并且陷入财务管理不善及合同无法交付的困境，多年无法翻身。董事和非执行董事都针对他们无法控制的事情签署了个人声明。而金融部门、信贷控制委员会，处理的金额几乎超出了人们的想象，他们只能努力去把控这一份不可能完成的简报。顺带一提，我们采访他们的时候发现，他们所有人竟然全都秃了……

管理到位只是解决方案的一部分。许多组织都急于创造一个更加透明的环境，试图让类似"向不当行为发起挑战，勇于发声"的观念成为其文化中不可分割的一部分，毕竟这已经成为影响组织生存和个人职业发展的重要问题。

试着想想，你是否知道在你的工作场合中有这样的事情：一旦被发现，它很可能改变你和你所在组织的一切。

商业案例 3：为奋斗发声

根据著名的盖洛普员工参与度研究[7]，我们的意见能在多大程度上起作用，是影响我们工作积极性的一个重要因素。

但问题是只有30%左右的人坚信自己的意见是有用的。盖洛普的研究显示，如果这个数字能达到60%左右，企业员工流失率则有可能降低27%，安全事故减少40%，而生产率提高12%。[8]

如果我们觉得自己是可以自由表达的，并且从心底里相信这一点，那当我们这么做的时候，说出的观点将会被听取和被认真对待。这样，我们才会受到鼓舞，同时变得更有动力，更加努力奋斗，公司也能得到更好的发展。

但现实是，我们一次又一次遇到这样的情况：我们被所谓的掌控感和所谓约定好的"规矩"打击了积极性，消磨了做贡献的热情和能力。

下面这个例子来自杰夫，他是活跃于广告和社交媒体领域的一位并购整合主管。杰夫向我们介绍了关于他的公司"小公司"与更大规模的母公司"大公司"合并的故事。

小公司

关于员工参与，"小公司"员工的看法已经从"积极参与决

策制定"转变为"争取奖励和月度最佳员工的绩效徽章"。对
"小公司"的员工来说,这其实是一种非常幼稚的行为,就像在
争那些贴在冰箱上,用来奖励做家务的孩子的星星图章一样。参
与研讨会和员工简报会听到的只有"一通屁话"。

"大公司"里有一个根深蒂固的信念,他们认为激励和参与
是管理的馈赠。经年累月的照本宣科和"正式大会"(组织或部
门领导召开的全体会议)都只想着让所有人听话、懂事、守规
矩,"步调一致"。咨询、投入,乃至员工参与都是假把式。

只有在人们都能自由抒发自己的意见、贡献自己的观点,而
且在这些意见和观点会被认真听取和重视的情况下,组织和企业
才能真正变得坚固而凝聚,更好地应对前方的未知和挑战。

也只有在这样的情况下,员工才会发自内心地努力做到
更好。

道德案例

大多数事情似乎都需要通过商业案例才能让企业人意识到其
分量。具体来说,我们需要证明这些行动能为他们带来更高的利
润或运营效率。改变表达和倾听的习惯确实能做到,但除此之
外,改进表达和倾听的习惯也与一个人的潜力、发展和尊严有

关。就凭这一点，我们也该为之努力。

20世纪的哲学家马丁·布伯在描绘我们与他人及世界的关系时给出了两种关系："我—它"和"我—你"[9]。在"我—它"关系中，我们为了完成任务而彼此合作交易。很显然，这往往也是组织运转的常态。但是，布伯补充，一旦人与人之间只有"我—它"的功利关系，就会出问题。而"我—你"则是另一种关系，我们用一种互相尊重且充满人情味的方式印证和支撑彼此的存在，体会共同的经历和彼此的连接。要做到这一点，需要我们能够对彼此畅所欲言，也要耐心倾听。这是我们"人味儿"的基础。

而在商业和组织的环境里，要做到"我—你"意味着首先要把彼此当作人类同胞，其次才是雇员，在那里发光发热。如果我们一板一眼地限制表达和倾听，那每个人最终都会变得沉默。我们只聊些无关紧要的、冷漠的、形式化和自己感兴趣的话题，让自己远离那些人与人之间紧密相连的美好体验。这样做等于抽走了我们生命中最后一丝有趣的东西，让人生变得单调乏味。

打个比方，就像是我们把个人情绪从工作中抽离，但凡同事问"你还好吗？"，你都说"哦，还好啊"——哪怕心里正难受纠结得不行。你确实成了一名"没有感情的职场人"，但你同时也限制了自己与人真正产生连接和展开有趣谈话的能力。

照这样发展下去，我们就等于给工作中的自己戴上了一具厚厚的假面。我们创造了一个环境——就像科幻电影《黑客帝国》

一样——只分享某些特定的东西，对话也只是为了信息交互和完成任务。

梅根

有人问梅根刚才心里是什么感觉。当时，她一位关系亲密的家庭成员病了，没有预后，也不知道这病究竟有多严重。作为一个擅长"修整"的人，当这类事情落到自己头上，千头万绪，梅根会觉得更加焦虑。

刚开始，她没打算告诉任何同事。这似乎不太合适，但她想的是保护家人的隐私，更重要的是，她不太想让别人觉得她自己处理不了。

有一天，一个同事对她表示了关心。梅根顿了一下，突然开始说："事实上，我现在不太好。"她把前因后果都说了出来，同事不禁停下了脚步，很仔细地听完了全部，并且向梅根坦白自己因为突然听说了这么崩溃的一件事，而且自己还一度被隐瞒了，感觉受到了很大的冲击。

通过对彼此坦诚的交流和耐心的倾听，梅根和同事感受到了彼此都有的共性，关系也更加紧密。或许从某些角度来看有些"过界"，但它带来的却是一系列实打实的好处，例如亲密感、被理解的感觉、解脱和温暖。在接下来的几周里，梅根试着和其他几位同事谈论这件事，而他们也会与梅根分享自己关于焦虑或者深感无力的故事。在此之前，他们几乎没有在工作场合表达或是交流。

交流让梅根和同事们的关系变得更亲密，让她对自己的经历有了更深层次的理解，也改变了她对与人交流、产生联系这件事的看法。

当然，交流和通过交流得到支持和动力的模式让梅根能够恢复镇定，维持正常的工作，可以说是商业案例角度上的成功。但她因此变得能对自己和其他焦虑而无助的人给予更深切的同情和理解，这样的能力显然更重要，也珍贵得多。

当然，谈话需要发生在适当的场合里，对此，我们需要谨慎选择。而选择往往决定了我们看待自己和他人的方式。严格约束自己的表达和谈话对我们的成就感、目标、自尊、幸福感，甚至是"人味儿"都会产生持久而深远的影响。

我们的研究

针对如何在工作场合交流、倾听和学习，我们开展了长达数十年的研究，并将成果汇集成这本书。

到目前为止，我们已出版了六本书来探讨组织文化、变革、对话、正念以及它是如何影响我们的人际关系。我们的研究发表在包括《哈佛商业评论》在内的许多全球杂志和博客上。[10]此外，在组织发展、高管培训和领导力发展方面，我们也有多年的研究经验。不管是公共组织、私营企业还是第三部门，从小型创业公司到大型跨国巨头，它们的领导者所面临的困境和恐惧、具有的优势和缺点，我们都知之甚详。

2014年，我们与霍特–阿什里奇高管教育商学院联合开启了"向权力说真话"的泛研究项目。我们提出的具体研究问题包括：

☆ 当我们决定说或是不说的时候，会发生些什么？

☆ 对这个选择的复杂性认知会对有效领导产生怎样的影响？

☆ 关于表达，个人如何才能做出更明智的选择？

该研究项目的详细描述附录可见。简单来说，我们采用的方法包括：

☆ **采访**：我们采访了超过150名领导者，他们涉及了几乎所有你能想到的领域和行业：政治、法律、金融、制造业、教育、专业服务、农业、公务员、慈善、技术、卫生、教育和国防。

☆ **调查**：截至目前，我们对全球各个阶层约4000名员工进行了调查，了解他们对"在工作场合表达和倾听"的看法。

☆ **人种志研究**：这是一种实践方式。参与到工作场合发生的活动中，观察和采访当事人，收集在特定组织中，人们关于表达和倾听的多种（往往是互相冲突的）观点。

☆ **协作调查**：这是一种小规模、持续多年的小组调查对话，对象是想要改变组织内谈话习惯对一群领导者的影响，一起分享探讨哪些方式可行，哪些不行。

　　☆ **促进研讨会**：我们和数百人一起"现场"测试了我们脑子里冒出来的见解和想法，探索哪些能产生共鸣，哪些不行，以及怎么将这些应用到我们的研究成果中。

　　☆ **个人调查**：作为作者，我们也在监督下探索自己表达和倾听的习惯。我们发现了研究方法"吊诡"的地方，那就是它需要人们大方地向我们讲述他们不想讲的那些经历。

　　我们充分理解，表达和倾听都是与背景环境相关联的，因此我们也不会试图总结出一个公式来预测该说还是不该说。相反，我们的研究是想让人们理解做选择一定会伴有的复杂性。理解了这些，才能让我们在"用更合适的方法表达或倾听"这件事情上更加得心应手。

　　我们的研究是为了帮助组织变得更加人性化、亲密连接，道德上更贴合、更高产，以及帮助组织内的个人得到更好的发展。希望这本书能对此有所助益。

关于这本书

　　这本书一共分为八个章节来介绍和展示我们的TRUTH框架：

☆ **第一章　在权力世界里说出真相**　更加详细地介绍TRUTH框架，并且揭示权力是如何影响每个人关于"说还是不说、该听谁说"的选择。

☆ **第二章　相信：隐藏在你和其他人声音中的秘密**　我们会因为什么，或是在什么时候对自己和别人的观点有信心？什么时候又没有呢？

☆ **第三章　风险：我们如何承受它，又怎样创造它**　探索为什么表达和倾听会让你和你身边的人感觉有风险？

☆ **第四章　理解：驾驭政治和权力中的不成文规则**　描述我们所拥有的相对权力，自己以及别人的计划议程是怎样共同作用，并最终对"谁来说、谁来听、说什么"等产生影响。

☆ **第五章　头衔：它们如何给予以及收回权威感**　揭示我们给别人贴标签、分类的方式中裹挟着何种根深蒂固的偏见，以及它是怎样影响人们的发言效果的。

☆ **第六章　行动：怎样才能做到巧妙地表达和倾听**　我们如何能让谈话更安全、更走心。

☆ **第七章　未来的真相：数字世界的深远影响**　探索技术变化会让我们的表达和交流产生怎样的改变。

☆ **第八章　通往真相的六个罗经点**　总结了为什么对权力说真话很重要，以及怎样做才能让你更好地表达和倾听真话。

☆ **附录　本书的研究**　关于我们提问、方法和分析的更多细节内容，它列出了供你使用的资源，希望能为你以及你的组织营造更好的"听说文化"提供额外的支持。

核心要点

☆ 表达和倾听对任何组织都至关重要。缺了这两点，你能接收到的信息可能只有充斥着报纸头条的不当行为丑闻。有了这两点，则能更好地利用创新和变化来帮助自己适应这个日新月异、飞速发展的时代。此外，它们也是激励和参与的关键。

☆ 从根本上说，表达和倾听关系到我们"人味儿"的源头。通过对话，我们交流、产生连接、感受彼此、寻求并且给予支持和帮助。我们影响着别人对我们的看法以及我们对别人的看法。我们在学习和探索什么才是"人之为人"的根本。缺少了自由表达和倾听，生活将乐趣全无。

☆ 对权力、地位和信任的看法决定着我们表达和倾听的方式。

☆ 尤其是在工作场合，我们不太善于表达和倾听。我们总是更喜欢指责别人的不说和不听，却忘了审视自己的能力和责任。我们选择向旧习惯低头、拒绝改变。

☆ 基于我们的广泛研究而总结出的TRUTH（相信、风险、理解、头衔、行动）框架能帮助我们提高自我意识，对表达和倾听的方式和原因产生更深的认知。

☆ 这本书旨在通过让对话变得更开放、更有成效、更富有同情心和创造力，进而帮助你在你的工作场所得到发展进步。

可以试试：在你知道人们都不想谈论，但十分重要的事情上表明你的立场。想想该如何巧妙地说，以及该跟谁说。然后去做吧。

引用出处

1.http://www.pwc.co.uk/services/economics-policy/insights/the-impact-of- automation-on-jobs.html.

2.http://www.forbes.com/sites/forbestechcouncil/2018/03/01/14-ways-ai-will-benefit-or-harm-society/#67dae5f74ef0.

3.http://www.managementtoday.co.uk/5-real-dangers-ai-according-experts/future-business/article/1457779.

4.Higgins, J., Reitz, M. and Williams, C. (2017) The hero is head- long live the new hero! In *Inspiring Leadership*, Fleming, K. and Delves, R. (Eds). Bloomsbury, London, Chapter 3.

5.http://www.bbc.co.uk/news/business-44005844.

6.http://www.reuters.com/article/us-volkswagen-emissions-culture-idUSKCN0S40MT20151010.

7.http://news.gallup.com/reports/191489/q12-meta-analysis-report-2016.aspx?g_source=link_newsv9&g_campaign=item_223235&g_ medium=copy.

8.http://news.gallup.com/opinion/gallup/223235/create-culture-psychological-safety.aspxa.

9.Reitz, M. (2015) *Dialogue in Organisations: Developing Relational Leadership*, Palgrave.

10.See http://www.meganreitz.com for a comprehensive listing.

第一章

在权力世界里说出真相

Chapter One

SPEAK UP
沟 通 博 弈

对权力的看法会影响人们的选择：是说出来，还是闭上嘴。此外，还能影响人说话的分量：谁说的话会被听进去。

在本章中，将讲述学习使用TRUTH框架，它能帮助你理解权力的重要性，也能让你和其他人学会如何更有效地表达和倾听。

你将学到如何：

☆ 明确地谈论权力和等级，以提高谈话效率。

☆ 对权力给出自己的定义，评估它对其他人的影响。

☆ 按照我们的框架去分析和改进你的谈话。

权力对你来说意味着什么？

仔细看下面的几幅图。

1.“权力”会让你想到什么？选择其中一张最能立刻引起你共鸣的图片，不要刻意去分析思考。

2.关于“在组织中，你自己的权力体现方式”，选一张最能引起共鸣的图片。

3.最后，选一张能用来描绘你老板如何运用他们的权力来完成工作的图片。

现在仔细看看这些你选出来的图。它们是哪里戳中了你？

选出的图展现了消极、中性还是积极的权力观，或是一种相互交织的复杂感受？

我们与权力的关系往往是个人故事的一部分

家庭中权力和权威的体验极大程度上影响人们对权力的看法：权力意味着是生活中坏的那一部分，还是好的一部分？在采访一位青少年危机处理中心的首席执行官时，我们明显地感觉到对方"只重视女性权威"的家庭背景——这位首席执行官直到五十多岁才勉强接受了那些通常被视为男性特征的特质。

西蒙

我们采访了西蒙。他是一位五十多岁、富有远见、头脑灵活的高管。当谈到他看到的有权有势者的暴行时，西蒙变得非常愤怒。当我们再往深聊时，他内心一种不知缘由的、对（尤其是男性）掌权者产生的紧张感逐渐浮现出来。他讲了这样一个故事：

"我父亲一辈子都在部队里，情况紧急的时候，他甚至会作为现役军人出征。我十六岁时（那时候，我们的关系并不算好），他把我放倒在地上。父亲想教我怎样制服一个人，并让对方动弹不得。他一脚踩在我的头骨和脊椎中间，还说如果我想跑，脖子就会立刻断掉。那一刻，我害怕极了。直到现在，我仍然对某种所谓的男性自信非常恐惧，而且还有点矫枉过正，我现在很容易落入所谓'大男子主义'的贬低和羞愧的陷阱里。"

遗憾的是，很多人有着类似的家庭经历：自己或者自己的兄弟姐妹遭受心理或是身体上的虐待。在这样的阴影下，人们在生

活中便会难以与掌权者建立良好的关系。单纯鼓励他们冷静点其实没什么用，毕竟对他们来说，在跟掌权者发生对话时，要付出怎样的代价才能勉强维持这种"让人大气不敢出"的状态，是难以想象的。个人经历的阴霾并不能被轻易驱散，但如果能得到正确处理，或许可以让它们随着时间的推移变得稍微不那么可怕。

被当作"拥有物"的权力

在我们自身的经历和许多领导力发展培训课程中，权力往往被视为一种拥有物。有些人有，有些人没有；有的人多，有的人少；有的人愿意让出一点，有的人能攫取更多。

很显然，你的目标应该是"搞到"更多权力。

我们学着给权力分类。职位权力通过职位名称体现，个性权力通过人格魅力和个人行为等体现，专业权力通过知识和技能体现，社交权力通过关系体现等。

这或许能对我们研究权力有点帮助，但值得注意的是，权力绝对没这么简单。

发现权力的不同

想做到更好的表达和倾听，我们需要了解自己和他人的复杂性和动态变化性，并且意识到人们会对"权力能赋予我们什么，又是如何约束我们"产生各自的主观认知。先看看下面这个故事。

梅根和新来的首席执行官

几年前，梅根所在的商学院跟另一所商学院合并，结果在一段时间里，学院的政治环境和办事流程都很不明确。规矩变了，但梅根不太确定新规矩究竟变成了什么样。同事们都强烈地建议她去找新来的首席执行官谈谈。为了她自己在学院的位置，也为了让她的情况引起合并学院的重视，她都该这么做。于是，梅根提出了申请。

在宽敞华丽的茶水间等待对方的时候，梅根有些紧张，她满脑子都是这次会谈对她和她代表的那群人来说有多么重要。尽管没明说，但首席执行官给她的感觉就是位高权重，甚至能影响她的去留。"我得证明自己，"梅根暗下决心，"我得给他留个好印象。"她的内心想法给她施加了越来越多的压力，这就是跟权力谈话时对自己产生的表现要求。

他走到茶水间的尽头给自己倒了一杯咖啡，梅根借此机会快速地打量他，她的大脑就像一台超级电脑，可是关于"对方究竟是什么样的人"这个问题却没有得出有用的答案。突然，他开始跟一个叫朱莉的食堂员工聊了起来，两个人还在一起哈哈大笑。他们在一块儿待了几分钟，而谈话也一直保持轻松愉快的氛围。后来他四处看了看，发现梅根之后朝她走了过来。

尽管大脑还在高速运转，但梅根对他的印象随着对方与朱莉的对话发生了一些改变——他好像没那么凶，也变得容易亲近了一点。他让梅根想起自己之前工作的上司。她觉得稍微放心了些，也不再感到那么渺小又无力。

谈话开始了。她问对方最近情况怎样，对方笑着回答说："唉，在商学院做首席执行官，还要领导一群领导力专家，真不是件容易的事！"

"这当然了。"梅根心里对这个人的好感上升了。她能想象这份工作有多可怕，而在这一刻，梅根也明白了，自己之前对他的权力的看法只是从自己的视角出发，但是从他的视角来看，这份权力就变了，变得不再那么具有压制力了。

随着谈话的深入，梅根对他们之间相对地位和权威感的看法也发生了变化，而这种变化的感觉引起了她的好奇。回头想想，仅凭一个人的工作头衔就认为对方是个强大到不行的人是不是太简单武断了一点。从某些方面来说，她认为对方大权在握，这种看法是有理由的——他的职位、之前的工作经历以及他所拥有的交际网似乎都证实了这一点。但从其他方面来看，他也有自己的边界和难题：他刚到这里，他现在得和一群专家一起工作，他甚至不知道自己不知道什么，要将两所学院合并的任务可不是闹着玩的，而他得负责将它完成。与此同时，梅根的心态也发生了变化，从觉得自己就是个相对低等级的员工变成对方口中的专家之一。她拥有一个很有影响力的内部关系网，而对方很可能也明白梅根表达的观点也许就代表相当一部分人对他的看法。想到这里，梅根觉得她的权力增加了。

　　从这个例子可以看出，我们对权力的理解是动态变化的。它会随着我们所处的环境，以及我们对彼此看法的变化而变化，同时，社会和我们成长时受到的教育也会对它产生影响。举个例子，这是一段"一个美国人和一个英国人在英国发生"的对话，如果变成"一个荷兰人和一个中国人在中国发生"的对话，那对于权力的看法很可能会不一样。此外，如果一个人享有特权，而另一个人属于被歧视的少数群体，情况又会截然不同。

　　总而言之，在本书中，权力并不简单等同于一种"拥有物"。我们认为，权力是一种社会构建，它是组织生活中基本又普遍的一个方面，不是那种我们可以看到、测量和一致认同的东西或客观意义上的财富。相反，权力是一种在关系中不断发展的动态和主观感知，以及会由于感知到地位差异而发生变化。一系列特征的组合可能会导致这种差异，比如等级地位、专业程度、社会关系，甚至还可能仅仅因为性别、年龄、种族或是外貌。我们对这些特征的认知反过来又受到我们所处的环境、教养、文化背景、观点以及跟人相处的每时每刻的意义构成的影响。

　　作为人类，我们（不管有没有意识到）都在不断发展、构建和谋取权力。权力对决定谁来说、谁来听、谁说了算等方面有重大影响。

　　这就意味着我们必须将自己对于权力的看法，考虑到其复杂性，分为个人、组织和社会层面来处理。这并不容易，并且经过证明，对所谓的手握大权的人来说尤为困难。

活在"感觉大权在握"的阴影下

一位打扮时髦的年轻女士开会迟到了。全场地位最高的人——一位男士，对此给出的反应是说了句："这双站街女靴还挺好看的。"虽然当时有几个人露出了不满的表情，但还是没人敢说什么。

一位刚得到提拔的男性高管紧张兮兮地第一次参加了董事会会议，结果被团队里的其他人一通嘲讽。他们笑话他前一天晚上不愿意跟大伙一起喝得酩酊大醉，这群人"指点"他说，如果不能接受这种"酒文化"，就别想真正融入。说这些话的人自以为机智又风趣，可这位男性高管感觉到的却完全不是这么回事。

当人们发现自己掌握权力，如鱼得水，能够说出自己心里的真相时，他们往往就不再压抑，而是选择放飞自我、滔滔不绝地说。但其实当情况走向极端时，通常会滋生霸凌和骚扰。在上述例子中，那些掌权者其实非常清楚自己在做什么。

然而，那些觉得畅所欲言很容易的人往往没有意识到，如果失去了权力的支撑，他们说的话是不会有人听的。这种感觉他们无法想象。在他们心里，对于表达自我这件事，所有人的体会都跟他们是一样的（既容易又轻松）。

承认不平等是长期存在的也许很困难。当我们向退休社区的员工提出这个观点时，他们态度坚决地质疑了"是否真的有关于种族、性别或年龄的差别待遇"这件事——他们认为有法律来确保歧视不会发生。还有一次，在我们的大型调查中，我们问："作为听众，你会被说话人的种族或性别影响吗？"其中一位受访者给出的回复是，这个问题让他觉得被冒犯了。他们都希望消除和解决歧视，但这是不可能的。特权行为和歧视存在已经长达几个世纪，要改变这个现状需要漫长的时间和巨大的决心。

人们常常会忽视权力以及它产生的影响，尤其是那些掌握特权的人。我们会通过假装或假想来进行自我欺骗，例如组织生活是扁平化的，没有等级制度的，人人都不会有无意识的偏见。可这样就让我们错过了很多发言的机会，也难以让人触碰社会的真实。

同样地，我们也错过了仔细思考如何发挥自身的优势为他人服务，以及做出改变的机会。

权力压制还是权力共享？

关键在于我们如何看待自己的权力以及如何看待"用权力能做什么"这件事。有时我们觉得自己应该使用那些感觉自己比别人拥有得更多的权力来指挥和控制；有时我们则认为自己有责任和别人一起使用权力来变得更强大、更有机会和更加进步。

我们曾采访过一家著名猎头公司的创始人。根据基督教修道会——圣本尼迪克特规定，修道院（在这个例子中指的是这家公司）的领导人必须听从最年轻的修道士的话。在他看来，拥有了职位权力的特权，人就有了学习、尊重和倾听的责任。

如果想要在表达和倾听方面变得更加擅长，我们就必须明白权力在人际关系中是如何构建的。同时也要搞清楚自己构建和使用权力是为了什么。控制还是限制？服务还是发展？

遗憾的是，我们对权力的感知，以及由此做出的假设往往都是无意识的。这意味着我们自己可能都搞不清楚为什么有时我们要让自己闭嘴，以及我们是怎样让别人闭嘴，又是为什么让别人闭嘴。我们的文化习惯正是在那些对所有人都有决定性影响的交流中逐渐形成的。

布鲁诺

我们的同事布鲁诺曾在全盛时期的诺基亚工作过。他回忆道，他跟所有新加入的人一样受邀与公司最资深的高管之一见面，他非常紧张，还准备了各种演示材料，打算在高管面前强势证明自己在领域内是多么出类拔萃。他走到高管办公室外面，随即被领了进去——哪怕重要人物在处理重要工作，员工也不用在外面干等。高管面前所有的其他任务都被排开，这次会面是当下的重中之重。没聊多久，布鲁诺就意识到，高管想了解的并不是他的工作，而是他这个人。

高管利用他的职位权威，让布鲁诺在这个新世界中的个人重要性增加了不少。

权力影响交流，交流影响文化，文化影响权力……

组织不像车辆或者机器那样有一套固定规矩，循规运作就万事大吉。如果我们想鼓励人们更多地表达，言传身教、建立举报热线或是开展员工调查这些方法其实效果不大。这些方法不可能让人立刻变得敢发言、善用举报机制或者认真回答问卷上的问题。相反，人们还会按照既定的习惯和规矩来使用这些工具。

我们有位多年来都在研究民间社会和组织中的冲突场景的同事，叫本·富克斯。他说，权力是一块隐藏的磁铁，会对周围各种表达活动产生影响。如果权力模式保持不变，那交谈方式也会保持不变，而最有权力的人往往又是最意识不到权力能产生多大影响的人。就像对前文中提到过的那位首席运营官安东尼来说，他的权力意味着无论人们觉得自己可不可以说，反正都不可以对他说。他还处在一种无知的虚妄幸福中。

对话的出现往往是基于我们对不同时刻中相对权力地位的主观认知。我们解读对方摆出的姿势、发出的信号，然后调整自己对地位和权威的判断（即使是在无意识的情况下，我们也在做这些事）。然后我们根据自己新的理解来给出反应。谈话对象则会接收我们发出的信号，以此循环往复：就像一场由各种姿态和反应组成的无止境的舞蹈，我们除了试图驾驭其中的相对权力以外，别无他法。

这里有一个核心观点：工作场所是由人们的交流构成的，而这些交流又被人们对权力的感知影响。我们对权力的感知会引导我们进入一些可预测的谈话模式或者谈话习惯，而这些习惯和行为就被我们称作"文化"。文化会对我们的交流产生影响：不管我们说，还是不说，听还是不听。

人对权力的感知会对我们的行为以及同事的反应产生巨大影响，而文化由这些行为和反应构建。可当我们想改变一种文化的时候，人对权力感知产生的这种影响却会神奇地"消失"。

"我办公室的门会永远敞开。"我们信誓旦旦地说。但与此同时，心里又会忍不住嘀咕，为啥没人进来聊呢？

"有什么反馈要给到我吗？"老板在新引入的"持续绩效管理"会议结束前对我们说。我们深吸一口气，脑子快速过了一下那些我们能说的事，然后给出"没有啊，都很顺利……嗯……都很好……"这样的回答。

如果我们没办法了解在自己参与的对话中究竟发生了什么，所谓的改变习惯、改变文化就永远不可能完成。我们必须认真看清楚自己究竟选择了些什么，然后做出不一样的选择。

为了能帮到大家，我们提出了一个叫作TRUTH的框架，它旨在将权力的相关内容带入大众视野，帮助我们辨识和拓展自己的选择，最终精进表达和倾听的技巧。

TRUTH框架

我们花了数年时间跟来自不同部门、不同地域的数百人通力合作，想要搞清楚当我们决定发表意见或者保持沉默时究竟会发生什么。我们也研究了人到底会因为什么而决定认真听另一个人说话，或者决定做些事情让别人闭嘴。

在序言中，我们简单阐述了TRUTH框架，并且列出了五个在决定是否表达和倾听的时候人们经常会面对的问题。现在我们来更详细地讨论，人对权力的感知和理解是如何对这一切起作用的。大家都知道，对话是由表达和倾听组成，但为了更好地理解，我们姑且先将它分成两个部分来讨论（要记住，它们始终是相互交织的哦）。

首先，让我们从表达角度来看这个问题。

在权力世界中关于表达的真相

试想一下，你是一位女性非执行董事，你刚刚成为一家大企业董事会唯一的女性成员。正当你废寝忘食地看资料，试图快速搞懂手里的业务时，你发现这里的税务工作流程虽然合法，但很明显是在钻法律的各种漏洞。你被吓到了，并且意识到，如果媒体稍微仔细审查这些金融交易，公司就很可能会名誉扫地。

在你参与的第一次董事会会议上出现了关于财务的讨论。你停了下来，来吧，选择的时间到了。你怎么选？你会说出自己的担忧吗？

我们采访了这位非执行董事，就叫她苏珊吧。苏珊解释了她的想法，我们结合TRUTH框架来一起分析：

☆ 你有多相信自己观点的价值？

苏珊问自己："我是不是有些与议题相关的话要说？""我真的确定它是一个问题吗？""它重要吗？""我知道自己在说什么吗？"她其实很清楚自己发现的东西很重要，但碍于自己新加入的"菜鸟"身份，她犹豫了。或许，她其实并没有真的了解什么叫"正常的做法"。也许其他人最懂了。

☆ 说出来会有什么风险？如果不说呢？

苏珊想了想如果说出来可能会有的后果，然后发现自己特别在意的有："如果我在第一次参会的时候就提这种问题，别人会怎么想？""别人会怎么看我？""如果说错了，我是不是会显得很蠢？""我会不会从一开始就把自己跟这些大领导的关系搞坏了？"反过来，如果不说的话，问题就变成了："如果我不讲，在我看来，公司可能面临多大的风险？"

☆ 你明白"谁来说、谁来听、说什么、为什么说"这套规矩吗？

苏珊扫视了一下全场，想试着理解与会成员之间的信号。"董事会上谈这种问题合适吗？""我说的话会招惹谁不高兴？""这里面究竟有什么样的套路？谁有发言权？该怎么发言？"搞清楚任何团体里面的弯弯绕绕，例如内部规矩、成员权职和内心需求都很困难，更何况你才刚刚加入这个团体。

☆ 你是否意识到任何人都在得到头衔和标签，也在不停地给别人贴上这些东西？这一切是如何影响你在谈话中的发挥的？

苏珊非常清楚自己被贴上了怎样的标签，有两个尤其明显："女的"和"新人"。会议室里的性别差异对她来说实在是再明显不过了，而"新人"的感觉比起"女的"来说要更强烈，毕竟她是这个组织成立以来第一位女性非执行董事。在这个会议室里，"新人"和"女人"让人忍不住觉得地位低下。苏珊觉得自己像被聚光灯照着一样，而自己的意见可能没那么重要。同时，她也忙着给首席执行官和财务总监贴标签："男的""自信"以及"专业"。标签让这些人在她眼中变得更加位高权重，也增加了自己说错话、做错事的风险——姑且先不管究竟什么才是错。

☆ 你知道如何选择在对的时间，对的场合，面对对的人说出对的话吗？

苏珊讲述了自己大刀阔斧处理税务的各种经历，但面对董事会这样的环境和这群人，她开始不确定自己该怎么开口、说什么比较好。在她还没来得及想清楚的时候，谈话就快速推进到别的地方去了。

苏珊最终选择保持沉默。没过多久，媒体发现该公司税务处理中的猫腻，并将他们送上了报纸头条。公众的强烈抗议极大损害了公司和董事会的声誉形象，苏珊也遭了殃。

当然，苏珊当时并没有系统地，甚至说有意识地使用TRUTH框架的问题来进行自我考察。面临选择的时候，人们往往会忙着关注某些特定的问题而忽略其他。我们采访了一些似乎从不质疑自己观点价值的人，对他们来说，观点总是有价值的。有些人对自己所处的环境气场并不敏感，这种情况下，环境因素自然也不会对他们的选择造成影响。但另一些人则过于担忧表达带来的潜在风险——他们脑子里除了风险啥都装不下——最终导致自我缠绕，什么也做不了。

我们并不认为TRUTH框架提出的这五个问题是包罗万象、彼此割裂、一成不变或者没有侧重的，它们能反映的是促使人们选择表达或者沉默的普遍原因。也因此，TRUTH框架其实更像是一个有用的辅助备忘录，而不是包治百病的万能药。

花点时间想想那些你其实想说的事——可能是某些反馈，或者一个点子，或许是你已经私下琢磨了好一段时间的想法，你明明想说，但这些话又总是因为"太难开口"或者"不知道其他人会怎么想"之类的理由最终被吞回肚子里。现在用TRUTH框架和这些辅助问题来梳理一下，拿笔写的效果或许会更好：

1.你有多相信自己观点的价值？脑中的哪些声音让你对自己的贡献产生怀疑？在这些声音中，有多少跟现在的你有关？（很多情况下，质疑的声音会有一个很远的源头，比如挑剔的父母、糟糕的老师或者是不合格的垃圾老板。）在你想发言的时候，话语环境是怎么让你变得更加自信/自我怀疑的？

2.关于你想说的那件事，说出来会有什么风险？你想象中最坏的结局是什么？事实上，最坏的、真的会发生的结局是什么？说出来的好处有哪些？保持沉默会造成哪些风险？你能采取哪些手段来控制这些好处和风险？

3.你了解政治（谈话规则）吗？你可能会惹到谁？谁可能跟你是站在同一阵线的？你的计划议程怎样才能很好地融入掌权者们的议程？在这种环境中，你的权力来自哪里，又该怎样巧妙地使用它？

4.你给别人冠上的头衔，以及别人给你冠上的头衔，在"发表观点"这件事上为你提供的究竟是帮助还是阻碍？人们对待你时，有意无意的偏见——不管你喜不喜欢、这种看法公不公平——它都会存在。除了希望它消失，你会如何处理这些偏见？

5.对于你想表达的内容，你会怎么措辞？什么样的话别人更容易接受？你要怎么说才能让人听进去？怎样平衡赞成和质疑才能让讲出去的话达到更有效的传播？说话语气里要带多少肯定或者怀疑才能达到最佳效果？谈话在什么样的场合下发生最合适？正式场合还是非正式场合，公开场合还是私下场合？

TRUTH框架能帮你想清楚该不该说，该怎么说。同时，它还能让你发现一个容易被忽略的领域：我们该怎样鼓励别人发言，并且该如何做到倾听。

在权力世界中关于倾听的真相

现在让我们把注意力转向交流的另一个组成部分：倾听的质量。如果没有听，说就毫无意义。人，尤其是我们自己，是怎么倾听的？这是谈话训练的一个重要组成部分。人们往往只重视训练表达，而忽略了倾听。

凯瑟琳环顾了一下在座的新同事。这是她在某家大型制造企业担任首席执行官的第一天，跟她一起开会的还有七名直属下级。到目前为止，一切都很顺利，但这正是问题所在：这些人表现得太顺从、太恭敬了。

她暗自观察，并且提出了一些质疑和建议，但她的所有发言得到的回应都是无数的点头认同和过于安静的接受。她开始试探他们的底线。"我要做到什么程度，他们才会忍不住反驳？"她不确定。

但看起来这底线比她想象的要低。事实上，不管她提出了多么极端的观点，得到的都是新团队的接受和认同。

以下是她对整件事情的看法，用TRUTH的倾听框架梳理后可以看出：

☆ 你有多相信别人观点的价值？

凯瑟琳知道，企业的成功（进而能达到她自己的成功）取决于一个优秀的领导团队。他们需要创意无限，且不害怕挑战事物的既定运作方式。她知道自己有一个非常有经验的团队，而她想了解的是这个团队的想法。在上任后的头几个月里，熟悉团队成为她工作的重中之重。

☆ 他人向你表达时，会产生什么样的风险？

团队刚开始表现出的沉默让凯瑟琳非常头疼。随后，她花了些时间去了解团队成员的世界。凯瑟琳发现，她这个工作岗位的前任是一个出了名的暴君，如果有人敢挑战他，就会立马被炒掉。团队要改变这种"为了自保而闭嘴"的习惯估计得花相当长的一段时间才行。毕竟在他们看来，发表意见等于丢饭碗，或者至少是被打入冷宫。

☆ 你明白"谁来说、谁来听、说什么、为什么说"这套规矩吗？

如果你想在老一套的规矩下成功，就得对首席执行官唯命是从，而且要尽量多地跟首席执行官进行一对一的私下谈话来争取更多的资源和宠信，以此战胜你的同事。在这样的环境里，踩拉手段几乎无可避免：渲染自己是如何优秀，同事又是怎样不行。这是当时的生存法则，它创造出了等级森严的生存环境。凯瑟琳意识到她面对的是一种特殊而且非常严苛的职场生存现状。

☆ 你是否意识到任何人都在得到头衔和标签，也在不停地给别人贴上这些东西？这一切会对你接收到的信息产生怎样的影响？

在这家企业里，"首席执行官"的职位意味着相当的权力和地位。随之而来的还有一系列的假设和心理预期，比如"首席执行官说的都对""别想挑战首席执行官"和"不管你做了什么，都不要告诉首席执行官真相"。

☆ 你知道怎么做才能让其他人敢于开口吗？

凯瑟琳理解了上面描述的情况之后，立马想出了一个极富创造力的办法来改变团队的交流习惯。她在领导会议上拿出一张红牌，让成员在开会过程中轮流持有这张牌。拿到卡牌的人必须质疑和挑战团队做出的任何决定，也就是必须得"唱反调"。新规矩刚推行的时候，整个团队都非常不适应，但随着时间的推移，他们慢慢习惯了提出问题，并且意识到，就算提出问题也不会受到批评或是遭受什么不好的后果。几个月过后，红牌游戏结束——提出质疑和挑战成为团队运作中正常和自然的一环。

花点时间想一想，哪些人说的话你爱听，哪些人你听着就当耳旁风。或许，你需要想办法得到一些没有被筛选和修饰的原始反馈，或者考虑一下是不是有什么想法已经被扼杀了。还有可能，你得到的反馈完美得不像真的，或者条分缕析、干净清爽到让人难以相信。

现在用TRUTH框架和这些辅助问题来梳理一下，拿笔写的效果或许会更好：

1.你真的相信别人观点的价值并且愿意倾听他人说话吗？还是说你在寻找机会让他们都来认可你的观点？你更像是那种以权压人的人，还是寻求通力合作的人？你想从别人那里听到什么？又该如何避免陷入"引导证人"困境？（也就是让其他人都来猜你想听什么话，再说给你听。）

2.当一个人选择对你坦言，他或她会面临的可能风险和实际风险分别有哪些？你该如何降低哪些想象中的风险，以及减少自己的权力和影响力对他们的职业生涯造成的恐惧和阴霾？改变你和对方的关系会给你带来什么样的风险？通过改变你与对方的交往方式，你的权威感会增强还是减弱？

3.你是否了解自己的政治（套路）、议程和优先事项？你是否了解他们的议程和优先事项？你们对于彼此的需求有多明确？

4.你给别人冠上各种头衔，随之而来的是各种有意无意的偏见，你能处理这些偏见吗？你有多大的可能会高估或者低估别人的意见？

5.这场对话需要以什么方式进行？什么样的场合和时间能让对方觉得放松？邀请别人发言的时候，什么样的措辞比较合适？

TRUTH框架在工作中的应用

TRUTH框架试图成为一个有用的镜头，让人关注到那些容易被自己忽视或者放过的重要话题。它的目的是激发好的交谈，而不是提供一个百试百灵的固定框架，无论是谁，只要一用就变得能面对权力畅所欲言。

框架如何在工作场合发生的谈话中使用？这个问题本身也提供了很有意思的研究内容。如果最顶尖与最核心的团队认为框架是为其他人准备的，他们自己不需要，那就意味着，哪怕是最顶尖的人，对"在实践中如何表达和倾听"的理解也是有局限的。他们忽略了自己在创造一种特定的表达和倾听的文化中所起到的作用，同时还流露出了一种倾向："对权力说真话"只跟别人有关，跟自己无关。

为了更好地研究TRUTH框架，我们跟个人、团队和企业组织保持合作，通过调查和反思，进一步了解关于说和听，人们是如何做出选择的。

我们也希望每个人都能对自己的真相有更清晰的了解。这样你和你所在组织的宏伟蓝图才能更好地实现。当然，从宏观来看，这对所有人都有好处。

核心要点

☆ 权力影响交流。谁对谁、说了什么、谁说的有分量、谁说的不重要。没人能逃避它的影响，而它又通常是不公平的——你得想办法跟它相处，不管是工作上，还是生活上。

☆ 在成长过程中，我们看待权力的方式往往会受到个人经历和自己与掌权者关系的影响，通常是从我们的家庭经历开始的。

☆ 权力经常被当作一种"拥有物"，可它并不是静态或者绝对的。权力是动态的，它由人与人的互动构建而来，也受其影响。它有可能成为进步的力量、个人成长的动力，也可能被拿来当作控制和霸凌别人的工具。

☆ 你跟权力的关系是由你自己选择决定的，这个选择会影响你在交流中选择表达还是沉默。权力的影响不可避免，但影响你的方式却不是唯一的。

☆ 位高权重的人往往是最不懂也最无法体会"无权感"的人。如果身处上位者圈层，人会把一些事当成理所当然，比如有话直说，或者说的话别人都会听，但对其他人来说，这些其实一点都不"当然"。

☆ 我们对权力的感知影响着我们的谈话习惯：谁可以说、谁的话有人听。当这些习惯成了固定的行为模式，我们的职场文化就出现了。职场文化以一种共生的方式影响着说话的人和被倾听的人。

☆ TRUTH（相信、风险、理解、头衔、行动）框架能帮助我们更好地理解为什么我们要表达和倾听，以及如何才能更好地表达和倾听。

可以试试：想一个曾经因为你而选择沉默的人。（也许是因为他们觉得你位高权重不好惹。）如果下次见面，记得给他们一次"被你倾听"的体验。

第二章

相信：隐藏在你和其他人声音中的秘密

Chapter Two

SPEAK UP

沟　通　博　弈

本章内容会帮助你理解什么时候应该自信地说出自己的观点，相信自己的观点，以及这背后的原因——当你不确定的时候，往往会倾向于保持沉默。我们会帮助你思考，为什么有些话你愿意听，有些话不愿意听——因为有意无意间，你会对别人说的话做出相应的价值判断。

你将会学到：

☆ 为什么信任是表达与倾听的核心？

☆ 怎样才能听到自己内心不同的声音，哪些有可能对你造成伤害？

☆ 发现权力是如何产生影响的：你会选择对谁说，谁的话在你心里有分量。

☆ 捕获你的"优越假象"——觉得自己厉害极了，问题都在别人身上。

☆ 对自己的看法决定了你何时说、怎么说、何时听、怎么听。

☆ 怎样对自己和他人的观点产生信心？

如果不相信自己观点的价值，我们就不愿意表达；如果不相信别人观点的价值，我们就不愿意倾听。"相信"是激励自我表达和鼓励他人表达的源头。

相信与环境、场合强相关，并不会平白无故地出现。有些人会比其他人更相信和重视自己的观点，或者表现出对别人的观点有更强烈的兴趣。但这份相信并不是有或者没有这么简单的事。在特定的场景、针对特定的主题、面对特定的人，我们都会倾向于更加重视自己的观点。同时，比起其他人，我们也会更重视某些人在某些时候谈论某些事情时的观点。

有话直说——相信我们自己的观点

你是否有些想说的话？相信自己的观点意味着我们：

☆ 相信自己能做出一些真正的贡献。

☆ 强烈地感觉到有些东西非说不可。

我们的调查数据显示，人们对自己观点的价值有着高度的自信。82%的受访者表示他们总是或者经常相信自己能做出一些真正的贡献，而84%的人（在回答问卷时）强烈地感觉到有些东西非说不可。

但是，如果我们认为：自己的发声不会对情况产生任何影响，自己正在经历的协商过程只是流于表面的"假把式"，这些事其实无足轻重，或者仅仅是还有更重要的事情要去处理，我们就很可能选择沉默了。

让我们依次看看上述两点的例子。

相信自己能做出一些真正的贡献

伊恩

伊恩是瑞士一家大型医疗保健公司的经理，他和其他一万名员工一起在总部工作。通常情况下，许多关于福利、沟通和文化的问题都由领导小组讨论决定。但为了体现公司的包容性和对员工的关怀，领导小组决定在"Y代"（出生于20世纪80年代或90年代）员工中选一个人作为代表，参与公司会议。伊恩申请并成功当选。

其他的与会人员都比他更位高权重（其中包括他上级的上级），经验更加丰富，直接且果断，伊恩完全没有发言机会，也压根儿不知道该从何开口。他一开始很挣扎，但他明白自己能提供的是一个完全不同，但非常重要的视角——他与基层一线员工共事过，而其他参会人员的职位让他们不可能有这样的经历。刚开始时，他往往是听别人发言，然后带着"唉，又没有把想法说出去"的感受遗憾地离开。

在跟母亲和女友一起吃晚饭的时候，伊恩谈到这件事，并且得出了结论：他要对自己的观点更有信心，也要敢于说出自己的想法，因为他真的能对公司做出巨大贡献。就这样慢慢地，伊恩建立了自信，并且在每次开会的时候选择一个自己能够做出最大贡献的议题，强迫自己发言。领导小组中的一员还成了他的导师，对方鼓励伊恩多开口，也针对伊恩的表达方式和发言产生的影响力给出自己的反馈意见。

一天，伊恩读到公司一位高级领导人写的博客。博客里描述了她所在的团队是如何在团队会议上提名了一个"讲真话的人"。这个人认真负责，敢于提出挑战，并且能让团队重新意识到那些被忽略、回避或者错过的话题。这个故事鼓舞了伊恩，让他决心毛遂自荐，成为自己团队里那个"讲真话的人"。

他坚信自己说的东西有价值。这个标签给了他开口表达的勇气和决心。

回忆一下你参加过的工作会议。与会人员有些级别比你低，有些级别比你高；有些可能与金融相关，有些与战略或人脉相关；有些人可能跟你熟悉的领域相关，有些人你可能完全不了解。

1.你有信心在哪些会议上做出贡献？

2.你在哪些方面更容易质疑自己？

3.在什么情况下，你会觉得自己有/没有值得说的东西？

4.做出这些判断是仅仅基于专业知识，还是有其他因素影响？

有时，会议中谈论的内容让我们对自己产生信心，认为自己能够通过提供有价值的信息来为整个会议做出贡献。但除此以外，我们也见识过很多截然不同的方法，比如共享财务信息，并且让每个人都能看懂这些信息。在迪米特里创办的公司里，他要求每一个公司员工——大部分之前是在汽车行业工厂里的工人——都要学会读会计账簿。他给员工提供了财务环境内的自由话语权，然而，一旦公司被收购，这些原本公开的财务信息就会受到收购公司财务部门的控制。信息再也看不见了，一并消失的还有员工们开口发声的信心。

1.你是否得到了你需要的信息，让你觉得自己可以做点什么贡献？

2.你是否得到了足够的时间和空间来消化处理信息，让你能更好地表达？

了解自己（和他人）的在意点

在大多数职场中，"人可能对什么东西反应强烈"是一个会被假设和预判的话题。我们曾为一家美国临终关怀医院重大重组活动提供支持服务，并且希望了解管理层以外的人对这些事情的看法。虽然时间有限，没办法采访每一个人，我们还是想办法跟护理部主任坐下来聊了聊。"你得明白，"他说，"这里的大部分人年均收入不到2.5万美元。他们就是来到这里工作，一天结束后拖着疲惫的身体只想赶紧回家休息。很多事他们都经历过，也懂，只是实在没有多余的力气去关心你提的那些关于新组织架构的问题。"

丹

　　丹供职于一家儿童慈善机构，他对工作充满了热情。有一次查阅公司财务状况时，他发现首席执行官竟然挪用公款。除了举报揭发，丹觉得自己别无选择。这件事情闹上了法庭，他本人也因为媒体的大肆报道而被推进公众的视野中。突然而汹涌的压力击垮了他和他的家人，最不幸的是，丹的妻子还在高压下流产了。他们的婚姻摇摇欲坠。

　　我们问他，如果知道会造成这样的后果，他还会选择告发吗？"绝对不会！"丹立马回答。可他顿了顿，脸上流露出无法遏制的痛苦神色，又开口说道："但这种事遇上了，又怎么能沉默呢？"他的价值观、正直的品质和对慈善工作的关心、热爱注定了他一定会选择发声。

　　从工作中我们也不难发现，上位者们往往容易忽略对普通员工来说真正重要的东西。一位首席执行官曾告诉我们，她和她手下的主管有一次因为新IT系统的启动和运转的需要，让员工迟了两天才拿到工资。公布消息的那天，她看到一个清洁工为此号啕大哭。两天的延误意味着员工无法按时获得报酬，对这个生活举步维艰的清洁工来说，拿不到工资很可能会让他面临违约和遭遇其他更可怕的后果。延期两天发放工资对清洁工可能是灭顶之灾，但对高管来说，完全不值一提，因为她压根儿不懂那些辛苦工作的贫困家庭的财务状况是多么不稳定。

人在工作中会对什么产生强烈感受和反应，某种程度上也反映了他们的生活状况。安妮卡从事向执法安全部门销售相关服务和设备已经有二十年了，在最近一次投标中，她遭到上司的排挤，最终团队出了纰漏，公司丢掉了一份价值150万美元的合同。很显然，这个锅得由这位上司（全球销售主管）来背。可是，尽管败迹斑斑，这位上司却从没付出过什么代价。安妮卡实在没力气把事情闹大，跟他对簿公堂。她暗自决定，最多两年，无论如何她都要离开，然后跟丈夫一起创业。现在她只需要保持收入稳定就行，公司丢单，公司承担，影响不到她。

跟丹不同的是，安妮卡没有那么强烈的道德激愤来支撑她与不公战斗到底。对她来说，这更像是职场生活的常态，"职场不如意，十有八九"。如果在安妮卡的长期职业生涯规划中，这家公司占据更大的比重，或许她会愿意说点什么。但你都有更好的选择、更美的生活了，为什么还要给自己平添麻烦呢？

1.在工作中，你对什么会有强烈的感觉和反应？

2.在工作之外有什么东西让你在工作中遇到的问题变得更加/不那么重要？

3.你周围的人对什么反应强烈？他们生活里又发生了什么？

4.别人往往会告诉你，有些事情应该占据重要的位置，你会花多少精力假装自己很重视这些事？

你是谁？你是那种会选择表达的人吗？

当我们在考虑要不要发声时，一个问题总会下意识地出现在脑海里："我是在这种情况下会选择表达的人吗？"丹选择了发声，因为如果不说，他连自己这关都过不去，他就是那种路见不平，一定要拔刀相助的人。安妮卡则更加厌世，对她来说，职场没必要投入那么多真情实感。

在下面的列表中，选择三个你认为最能描述你自己的标签：

敢于冒险　支配欲强　思想开放

野心勃勃　平易近人　固执己见

能言善辩　热情四射　体贴耐心

勇敢无畏　公平公正　令人信服

沉着冷静　坦率诚恳　恪守原则

温柔体贴　诚实可靠　积极主动

魅力超凡　勤学好问　安静沉默

聪明机敏　见解深刻　负责可靠

有竞争力　友好和善　细腻敏感

自信满满　逻辑严密　宽容大度

创意十足　忠心耿耿　坚韧不拔

坚决果断　细致入微

我们对自己的看法就像一个指南针，它会引导我们在交谈中做出选择。当我们听到来自同事的自以为幽默的评论时，当我们看到其他人正遭受歧视时，当我们脑中闪出一个好点子时，我们会问自己，我们敢不敢把自己的想法说出来。我们脑海中对自己的描绘、给自己冠上的头衔可能会让我们敢于开口，也可能让我们甘于闭嘴。

你的标签对你在什么时候、以什么样的方式发表观点产生了怎样的影响?

每个标签都有其好处和弊端，有时它能帮忙，有时它会添乱。举个例子，如果我认为自己是个冷静的人，那么在很多情况下，我会倾向于让自己冷静下来，这对交谈会有帮助。通过自身保持冷静，我可能会让周围的人也以冷静的状态进行交流，最终让整个谈话变得更加理性。但冷静并不是任何时候都能带来好效果。举个例子，如果人们想了解他们或者其他人真正在意和关心什么，情绪能量的冲击又必不可少。缺少情绪的支配，人类甚至无法做出选择，因为我们不确定什么是真正重要和在意的。但反过来想，如果我们的标签是"充满激情"，那我们就得时不时地让自己缓和下来，冷静一点——无拘无束的热情很可能导致谈话越来越嗨，最后没有时间反思和消化。

你愿意给自己贴上什么样的标签？思考这个问题时，请考虑以下几点：

1.这些标签在你表达和倾听时能起到怎样的帮助？

2.如果夸大了标签的作用会发生什么？我以这种方式看待自己（或者别人）会产生怎样意想不到的效果？谁会"被沉默"？谁说的话有人会听？

3.在这些标签中，哪些更像是在体现我扮演的角色和我处的地位，而不是我这个人本身？

4.我对标签的管理成熟吗？能达到"在不同场合调动相应需要内容"的程度吗？

5.我擅长分享自己的标签吗？能否让我们在交流中发挥集体的力量？

你是真的还是装的？

尽管你相信自己有许多优点和长处，但在工作中，你是否萌生过这些想法？

☆ 他们究竟什么时候才会发现我都不知道自己在说什么？

☆ 这不该由我来做，别人肯定比我做得好多了。

☆ 我只是走运而已，我配不上这样的成功，我本应该做得更好。

☆ 这事要被我搞砸了。

如果你这么想过，告诉你个好消息，你并不孤单。我们之中有70%[1]的人都经历过这种被称为冒名顶替综合征的心理现象：尽管客观上显示的成绩都好，但主观上仍然会产生一种不自信的感觉。

即使是非常成功的人也可能受到冒名顶替综合征的困扰。诗人、作家和民权活动家玛雅·安吉洛说："我已经写了十一本书，但每次我都会想'哦，这次他们该发现了，我其实在悄悄骗他们的钱，他们就要看穿我啦'。"

雪莉·桑德伯格是脸谱网的首席运营官，也是福布斯最有权力女性排名第一和身价超过10亿美元的成功人士。她曾公开承认觉得自己像个冒牌货："到现在，我仍然会觉得，当我一觉醒来，一切是一场骗局。我不确定自己该不该站在这里拥有这一切。"[2]

一些世界顶尖咨询公司和律所表示自己招聘的都是一些"缺乏安全感"的成功人士。也许是出于对错误的恐惧和不安全感，他们往往会拼了命地工作，进而取得成绩，以此来不停地向自己和他人证明自己的实力。[3]劳拉·恩普森教授在她的书

《专业人士领导者》中引用了一家律师事务所合伙人的话："合伙人的年收入超过80万英镑，可这里人总是在想，'天哪，我不值得这么多'。"

当然，自我怀疑也不是一点好处都没有，它能让人脚踏实地。如果你的自我感觉好得不得了，一点疑虑都没有，那很可能会被贴上"精神变态"[4]的标签（相当一部分商界领袖可能会被归到这一类里[5]）。哲学家罗素写过："这个世界最大的麻烦，就在于傻瓜与狂热分子对自我总是如此确定，而智者的内心却总充满疑惑。"[6]有时，冒名顶替综合征症状过于严重，它会吞噬我们的自信，让我们变得不敢发声。

在与高管共事时出现如下情况，冒名顶替综合征就可能会发作：

☆ **当我们刚刚被提拔到一个新的、具有挑战性的职位上时**：第一次与新团队开会，发现自己想的是——"我现在要做什么？"我们会忍不住思考在晋升过程中自己表现出的积极形象是不是有点过于夸张，超过了实际水平。

☆ **当我们属于少数派时**：一位新上任的女性非执行董事发现自己要加入的是一个全是男性的董事会。当他们自信而自如地交谈，嘴里说的都是只有在这家公司工作多年的人才能够熟练掌握的行话，她只能付出更多的努力，以实际成绩来回应那些质疑她是否够格的声音。

☆ **当我们基于经验多少、等级地位高低、性格或自信力等方**

面做判断，认为周围的人比我们更位高权重时：我们会倾向于对高位者言听计从——"他们懂的比我多"。罗伯特·富勒[7]在自己关于"级别歧视"的作品中讨论到，上位者通过一场又一场的地位游戏，力求让别人觉得自己地位低下，但他们也容易因此自认为是虚张声势的冒牌货。

☆ **当我们向常规发起挑战，或者跟其他掌权者意见相左时：**奉行主流观点或者对掌权者的观点唯命是从，通常能让人觉得更安全。挑战常规对你和其他人来说都是一项艰巨的工作，它通常需要人们打破自身原来的行为模式，以一种更加缓慢细致的方式来处理事情。这往往会让事务繁多、只想快速高效完成所有任务的高层人士觉得很困难（甚至觉得发起挑战本身就是错的）。

1.你什么时候会/不会听到"冒牌货的声音"？

2.什么情况下你会质疑自己的能力？

3.什么东西会暗示你说或不说、该怎么说？

太把自己的意见当回事

尽管我们有时能意识到"这是冒牌货在说话"，但在另一些时候，我们又会走向另一个极端——太过确信自己的观点。过分强调自己的观点和听信冒牌货的声音一样，都会对我们产生不好的影响。

会过分强调自己的观点，主要是因为人们认为最好的领导方式就是给其他人提供意见和解决问题。全球最大投资银行之一的首席运营官说，他习惯在交易大厅里走来走去，希望能通过提建议来给别人提供帮助。现在，他意识到这种行为在别人看来讨厌极了，还给人增加了很多不必要的工作。

"因为我身居高位，所以我无所不精、无所不能。"这种想法并不能让自己的发言更有建设性。

表达需要勇气，同样也需要技巧和智慧。人得知道自己什么时候该保持沉默，什么时候该认真倾听，什么时候该提问题而不是一味抛出答案。

你比其他人都优秀吗？

我们采访了将近4000名经理，问他们所在公司的初级、中级和高级职员会不会站出来指责不当行为、挑战既定工作方式或者提出自己的想法。你们自己的选择又是什么呢？

下方表格展示了撰写本书时的数据。百分比表明有多少受访者认为相应群体通常/几乎总是/总是会开口发声。

调查数据显示，平均来看，50%的受访者认为初级职员通常/几乎总是/总是会站出来指责不当行为。但对于想法或者是工作挑战，他们就不太会选择表达。总的来说，中级职员更愿意开口，高级职员说得就更多了。

谁关于什么话题说了什么？

	初级职员	中级职员	高级职员	你（受访者）
不当行为	50%	67%	73%	82%
挑战工作方式	27%	52%	68%	70%
提出想法	40%	63%	72%	81%

但是，仔细看看"你"这一栏。它表示受访者认为自己有多大概率愿意开口表达。数据显示，"你"似乎是公司里最会表达的人。

调查结果可能反映了一种叫"优越感错觉"的现象，认为自己比实际上更优秀。研究表明，虽然统计显示领导才能是正态分布的，但80%的领导者认为他们比一般人更优秀。[8]

简而言之，除了要警惕冒名顶替者现象的影响，让我们太不自信，也要警惕优越感错觉的影响，以免太过膨胀。

怎样更加信任自己的观点

到现在为止，我们谈论了如何相信（要适当，别太过）自己的观点，进而支持自己开口发声。关于如何通过增加对自己观点的信心来做到更好地表达，以下是采访调查后总结出的方法：

☆ **做好准备**：我们接触了一些想要提升自己说话方式的人，在帮助他们的过程中，我们借助了部分表演领域的技巧。通过让人反复练习和准备来最大限度地发挥他们的影响力。练习能使人对自己要说的话更有信心。我们采访了一位皇家莎士比亚剧团的导演，当得知人们在工作（和家庭）中开展重要对话前都不会排练和准备时，他非常惊讶。要知道，如果我们有计划有安排，这会让我们在表达自我时更有自信。

☆ **寻找机会**：一位非执行董事介绍了他的方法。他在开会前快速浏览会议议程和相关文件，并且寻找发言机会。他的建议是，关注那些你有好想法的，或者是你感兴趣的话题，然后准备在会上就这些话题进行发言。

☆ **从"小象"开始**：与主流观点背道而驰是件很麻烦的事，但正如我们的一位受访者所提到的那样，如果你想参与更有争议的话题，不妨从房间里的"小象"开始（"房间里的大象"指的是所有人都知道，但选择忽略的话题，通常是因为这些话题的政治敏感性）。阿什里奇高管教育学院的研究发现，拓展自己，尝试去做一些事是培养领导力的重要方法。[9]从容易做到的事情开始，然后边做边学，这意味着我们可以不断拓展自己的边界，并且提高表达技巧。

☆ **警惕内心的"冒牌货之音"**：当你心里的冒牌货开始说话的时候，保持关注和好奇，不要试图猛地让其闭嘴（其实闭嘴也很难做到）。如果说的是"这件事我做得不如别人好"，那就在自己做得好的时候及时反思并提醒自己该怎么做。如果说的是"你就是比别人差"，那就提醒自己是怎么得到现在这个位置，以及自己的观点跟别人相比有什么不同。关于如何训练自己在交谈中更警惕，后文会有详细讨论。

☆ **如果陷入旋涡中，一定要及时抽身：**瑞士医疗机构的伊恩在接受我们的采访时说了这样一句可爱的话："如果陷入旋涡中，一定要及时抽身。"他会时不时反思自己的言论和选择。这些问题是他需要参与和做出贡献的吗？他的行为是满足了政治正确还是满足了个人私欲？我们会说很多话，并希望他们能为我们塑造一个好的形象，让其他人看上去比较差，或者取悦那些在我们看来有权有势的人。尽管这其中有一部分是不得已而为之（而且有时候确实该这么做），但要做到"对自己说这些话的原因和方式感觉良好"才会真的有所帮助，否则只会添乱。

☆ **找一个盟友、教练或者导师：**意识到你不是一个人在战斗，能让许多事变得容易很多。我们常认为自己在这个世界上单打独斗，但其实我们都属于某个更大、更宽阔的系统。弄清楚如何与这个系统相处，还有谁支持你的观点和看法，可以减轻你作为一个独立个体的负担。你会意识到自己并不需要做一个孤胆英雄。当你表达时，你的盟友会支持你，你的教练或者导师能帮你做好准备，给你最诚实的反馈，让你知道自己当下的表现如何。

☆ **从错误中学习：**表达时，我们也有可能"搞砸"一些事。我们可能说出一些无心之言，也可能会让某些人生气、难过或者失望。学会面对失败也是进步和成长的一个重要组成部分。篮球巨星迈克尔·乔丹在耐克的一则广告中说："我投砸了超过9000个球，输了将近300场比赛，有足足26个投出制胜球的机会交到我手上，而我没有把握住。在人生中，我经历了一次又一次的失败。但正是有这些，我才能成功。"失败往往是获得成功和提升技艺的基石。理解自己的处境，并正视失败才能更好地学习和继续尝试。

倾听，相信他人的观点

我们采访了超过150名高级领导，并发现了一个规律：几乎所有人都会把注意力集中在他们的发言方式上（至少在谈话刚开始时是这样的）。他们谈到了必须说那些自己认为有价值的事情，谈到了别人是如何拖了他们的后腿。需要进一步的引导，他们才会谈到关于自己是如何倾听，以及自己是如何通过认可他人的观点来鼓励对方多开口之类的话题。

事实上，我们的一项调查报告显示，人们对自己观点的重视比对他人观点的重视程度要高出三分之一左右。在一些团队中，我们甚至发现人们对自己观点的重视比对他人观点的重视要高出两到三倍。

关注自己在职场中的表达方式是一个好习惯，但如果我们都忽略自己的倾听方式，交流还是会变得没有意义，堪比对着空气说话。

让我们来探讨一下自己对他人意见的看法，洞察的必要性，以及让别人闭嘴的危害。

要想相信他人观点的价值，就要做到以下两点：

☆ 愿意改变自己的观点。

☆ 明白自己的观点可能是片面和有局限的。

如果做不到，可能意味着你不太知道如何重视他人观点所带来的价值。事实上，这并不是一道简单的是非题，很可能在某些情况下你会愿意改变自己的观念，在某些情况下不愿意。毕竟，你很可能也清楚自己关于某些事情的某些观点在某些时候可能是片面的。

通常情况下，某些特定的人讨论某些特定话题时，我们会乐于倾听。谈到与我们有关或者是我们感兴趣的话题时，我们的雷达会自动搜集那些观点和看法。但有一些话题我们根本就不知道，又或者认为自己已经足够了解，不需要别人的看法。

有些事情会让我们变得对别人的观点不那么包容和感兴趣，比如我们：

☆ 预设了谁的观点重要，谁的不重要。

☆ 在寻求意见和看法时总是去找同一批人和团队（一种固定的认知倾向会让我们只愿意听跟自己观点相符的东西）。

☆ 认为自己比其他人更善于倾听。

☆ 把上位者的发言奉为圭臬，认为下位者的话毫无价值。

现在，让我们来依次讨论这些问题。

预设谁的观点重要

哈维

首席执行官哈维兴致勃勃地告诉我们，多样性对他来说有多么重要，他多么希望他的团队能"全身心投入工作"，并且畅所欲言。每个人的意见都很有价值。

接着，哈维停顿了一下，说："但我心里确实有一个排序——谁OK，谁不OK。"

在寻求意见时，尽管哈维很想听取所有人的意见，但他仍然更倾向于依照自己心里的"小名单"：谁的话该听，谁的不该听，一目了然。

实际情况是这样的：我们每个人都有自己的名单。作为人类，我们的能力之一就是分辨该听谁的，不该听谁的，谁应该关注，谁不应该关注，谁是安全的，谁不是。这是一种不断进化的内在过程，对我们来说，它非常有用。

但是，当我们都认为自己非常善于倾听时，也许忽略了一个问题：我们的小名单究竟是怎么组成的？

你是否遇到过这样一种人，当走进你的办公室（如果你非常幸运，有自己的办公室的话），他们会要求你坐好，然后认真听他们讲话。有些人朝你走过来的时候总会做出一些类似失望、泄气等丧爆了的反应；还有些人你其实真的没有什么印象。是因为你分心了，还是因为你压根儿就不在意他们？

为了更清晰地体现我们是怎样以不同的态度对待不同的观点，列出下面清单。

在你看来，谁的观点更有价值？我们要的并不是一个政治正确的答案，选出你的设想中正确的那个就行：

☆ 初级职员 vs 中级职员 vs 高级职员

☆ HR vs 运营 vs 销售 vs 财务 vs IT

☆ 在公司工作多年的员工 vs 公司新人

☆ 兼职员工 vs 全职员工

如果你的答案是"要分情况讨论"，那你认为"情况"具体取决于什么？在你的一系列假设中，有没有什么东西是值得你注意的？

在寻求意见和看法时总是去找同一批人和团队

在调查中，我们询问了数百名职场从业者：需要意见或者建议时，你们是否更倾向于向同一个人或同一群人寻求帮助？三分之二的人说他们通常／几乎总是／总是这么做的。

这不奇怪，也并不是什么坏事。事实上，关于"我们选择相信一个人说的话"本身就有很多东西值得探究。我们中的许多人都知道，在自己的人际网中哪些人对我们"打开天窗说亮话"，而哪些人不会。自然而然地，我们就会找特定的人寻求帮助和意见。

　　然而，还记得我们每个人都有的小名单吗？我们就是这样不停地审视和筛选："找谁寻求帮助更好？"以及更重要的"谁的发言是我们内心不想听、没必要听的？"。

　　就算我们想听一听不同的声音，我们也必须先确认自己是不是真的愿意把这些话听进去。在一次采访中，我们遇到了一个有趣的特殊情况：在一个等级制度明确的团队里，负责提出不同观点的是全组资历最浅的成员。很显然，缺少非资深内部人士的身份和权重加持，这种行为就变得有些"分量不够"。

　　1.因为偏心特定人士的观点，你错失了哪些人的意见？

　　2.为什么某些人能让你觉得舒服和信任，另外一些人就不行？

　　3.如果要稍微拓宽一点接受范围，什么东西你能够接受？

认为我们善于倾听

　　让我们继续看研究数据。我们问受访者：当他们公司的其他职员站出来指责不当行为、挑战既定工作方式或者提出自己的想法时，公司高级职员在多大程度上会听取他们的意见？下一个问题则是他们（受访者）的倾听能力如何。

　　下方表格呈现了撰写本书时的数据。百分比表明受访者中有多少人认为相应群体通常/几乎总是/总是会倾听。

谁听到了什么？

	高级职员	你（受访者）
不当行为	72%	93%
挑战工作方式	43%	91%
提出想法	50%	93%

　　所有调查数据显示，平均来看，72%的受访者认为高级职员通常/几乎总是/总是会听取关于指责不当行为的意见。但他们对别人想法的接受度就差了一些，对工作方式的相关意见就更不愿意接受了。

　　现在看"你"那一栏的数据，它代表着受访者认为自己愿意倾听的频率。令人惊讶的是，受访者们似乎都认为自己比公司的高级职员要善于且乐于倾听得多。

　　这究竟是怎么回事呢？是优越感错觉搞的鬼吗？我们发现，人通常自我评价过高，意思是我们觉得自己挺棒的，问题都出在别人身上。

　　显而易见，这种观点不可能是绝对正确的，不可能每个人都比别人强。想做到更好的倾听，第一步就是认真反思：什么时候，什么地方，关于什么话题，我们应该/不应该听谁的。

把上位者的发言奉为圭臬

约翰

就像那个"在大厅里走来走去，试图给别人提供建议的投资银行首席运营官"的故事反映的道理一样，我们经常把有权有势者的观点看得太重。作为20世纪90年代一家美国著名咨询公司的管理顾问，年轻（姑且这么说）的约翰负责编制主题专家们的内部花名册（还没进入互联网时代）。这本花名册能帮助顾问们迅速获取最符合他们需求的实践知识。他们相信自己听到的内容都来自公司最优秀的那批人。很快，人们就发现，这个"知识花名册"与公司管理层的层级排布惊人地相似。

一个人观点的价值取决于他们的权力大小和职位高低。尽管该公司在一些"年轻员工能掌握更好的一手知识"的领域里做了大量工作——网络的使用就是很好的例子，观点价值的这种分布状况还是存在。在快速发展的行业中，实际上高级经理们往往并不是最经常与客户接触的人，但人们还是倾向于向高层寻求意见与建议。

认为下位者的话毫无价值

有位同事讲述了他为一家全球制药公司的高级领导团队举办研讨会的故事。短暂茶歇之后，财务主管姗姗来迟，耽误了整个组的工作。当这位财务主管再次露面时，首席执行官对所有人说："皇帝等太监。"这话虽然说说就过了，也可能只是顺口一句玩笑，但始终隐隐透着些不满。此外，这其实也表明首席执行官是如何看待他自己和财务主管二者的地位差异。

还有一个销售主管的故事。他在一家保险公司工作，希望能够对公司的基础产品呈现进行重新设计。此前，顾客要在关注分组里才能看到这些产品，他们觉得这种呈现方式烂透了。听到这种评论，会议室里级别最高的主管说的第一句话是："哪个白痴说的这种蠢话，给我把他找出来！"在他的认知里，自己是比顾客更懂顾客的人。没错，他认为自己的意见更有价值。冷静下来之后，他终于意识到确实是他们把产品呈现做得太复杂了。

那些在我们眼中没什么权力或者等级很低的人开口的时候，我们常常会认为自己在认真听他们讲话。但事实上，当他们说出一些我们不乐意听的东西时，我们真的听了吗？

如何让自己相信他人观点的价值

以下是受访者们给出的一些建议和方法，或许能让你对别人的建议有一个更加开放的态度，同时继续警惕和敏锐：

☆ **提醒自己为什么别人的观点很重要**：这是一切的基础。承认自身能力有局限，难；承认自己需要别人，很难。然而，正如前文提到的商业案例和道德案例所证明的那样，能够听取各方意见对我们自身的成功、团队的成功和企业的成功都至关重要。据说是由西德尼·吉田提出的"无知的冰山"认为，一线出现的问题，一线员工100%知道，团队领导了解其中的74%，中层管理人员知道9%，而只有4%最终传到高层管理人员耳朵里。[10]身处高位时，我们对一线和基层所发生的事情真的知之甚少。

☆ **培养好奇心**：如果我们心里想的是"我该怎样才能从这个人身上学到东西"而不是"我该教育他些什么"，会发生些什么变化呢？这是我们大多数专业培训中都会涵盖的一个重大转变。与询问相比，鼓励的技能被过度并发了。培养好奇心意味着在会议中为公开讨论创造空间，并且展现自己的重视，同时还要尽力避免以往的惯用手法，即用海量信息和长篇说教，把讨论扼杀在摇篮里。在与家庭调解员合作的过程中，他们不停地提醒我们：对于谈话，我们传递出的信息只有表达内容的一半，对别人说再多也不能改变这个事实。如果我们想要别人真正参与进来、贡献更多而不是装模作样地认同我们的观点，保持对别人、对谈话的好奇心是必要条件。

☆ **注意自己的"小名单"，并对它提出质疑**：在名单缩短的时候记得保持警惕。我们基于"谁的观点有用"和"谁说话的方式听着喜欢"列出了自己的小名单。比如一名上位者在受访时就表示，他们更喜欢"简明扼要、思路清晰和行动力强"的人。

同时，他们必须有意识地让自己包容那些"没那么讨人喜欢的人"，例如有些人需要大声说话才能帮助思考，有些人说话啰啰唆唆、半天讲不到重点。

☆ **定期寻找一些新的声音**：想办法跟那些经常被忽视的人产生交谈是很重要的事。一家医院的首席执行官把"跟值夜班的人（他们往往被人忽视）见面聊天"定为自己的优先任务之一；一位空军指挥官在全国巡查时定了个规矩，让每个基地里最年轻的学员来做自己的驾驶员，而且"在车里说的话，全部留在车里"。学员们得到了说心里话的机会，长官也得到了"了解金字塔底层生活是什么样"的机会。

与等级不同的人交流也可能变成"向领导提问"的练习，同时让身处高位的人进入"回答模式"。但如果能把它当成"向领导诉说"的练习，效果可能会更好。

☆ **花时间了解他人的真实情况**：一名高级警官非常关爱自己手下的初级警官。当被问到怎么跟他们产生联系时，警官回答说："简单。我让自己适应他们的节奏。"他没有强行干预他们的工作，而是特意仔细地观察他们在街上巡逻时的情况。有了这些观察，当他们聚在一起的时候，他就知道该说什么、该怎么说，以及还有什么没被提到。正如那位投资银行首席运营官所指出的那样，高层往往只知道写在官方报告里的那些内容。以银行业为例，2007—2008年危机发生前，这位银行家一度认为只有那些职位最高的人才相信官方报告里的内容。

　　☆ **留心我们的默认反应**：当我们直接给出反应，而没有仔细思索对方说的话时，这种行为最容易让对方变得沉默。一位来自加拿大的首席执行官告诉我们，当听到坏消息时，她就会做出一些不好的反应。她母亲是一个容易生气的人，而她在这样的环境下长大。如果有人，包括她在内，说了什么挑战了母亲权威的话，她的母亲会给出非常可怕的反应。这位首席执行官无意中学会了这些。当她意识到之后，她立刻尝试克制和改变，争取在听到挑战性的话时能给出成熟且得体的反应。真实性和自发性不是一回事。

　　只有我们相信自己和他人说的话，表达才有可能实现。然而，光是相信还不够。接下来，我们将会探讨表达和沉默所带来的风险及后果。

　　毕竟，如果风险太高，就算我们相信自己和他人的意见，也不会有人敢开口。

核心要点

　　☆ 你必须学会相信和重视自己的观点。

　　☆ 对于你相信自己能有所贡献的话题和能引起强烈反应的话题，你往往更有可能愿意开口表达。

　　☆ 有时你会觉得自己像个冒牌货，不愿意开口，开口也容易犯错，这都是正常的。

☆ 你必须学会相信和重视其他人的意见，而不是只听固定几个人的意见。

☆ 如果你不愿意改变自己的想法，或者意识不到自己的观点是片面且有局限的，你往往不太可能会重视别人的意见。

☆ 你的性格和对自己的看法决定了你表达和倾听的方式。

☆ 有时你会陷入优越感错觉，认为自己比别人更善于倾听和表达，这可能会导致你去责怪别人，不耐烦地等待别人做出改变，而不是自己去承担责任。

可以试试：当冒牌货开始说话时，提高警觉，并且提醒自己所拥有的力量和能力。

引用出处

1.https://www.tci-thaijo.org/index.php/IJBS/article/view/521/pdf.

2.http://www.telegraph.co.uk/women/work/imposter-syndrome-why-do-so-many-women-feel-like-frauds/.

3.https://www.ft.com/content/ba0c9234-a2d7-11e7-9e4f-7f5e6a7c98a2.

4.https://www.forbes.com/sites/amymorin/2016/01/30/5-surefire-signs-youre-dealing-with-apsychopath/#37bc4e7262f6.

5.https://www.forbes.com/sites/victorlipman/2013/04/25/the-disturbing-link-between-psychopathy-andleadership/and http://www.bbc.com/capital/story/20171102-do-psychopaths-really-make-better-leaders.

6.Bertrand Russell in his 1933 essay 'The Triumph of Stupidity'.

7.https://www.huffingtonpost.com/robert-fuller/somebodies-and-nobodies-u_b_264283.html.

8.https://hbr.org/2017/03/how-to-tell-leaders-theyre-not-as-great-as-they-think-they-are.

9.http://tools.ashridge.org.uk/website/IC.nsf/wFARATT/Experiencing %20leadership/$file/ExperiencingLeadership.pdf.

10.https://corporate-rebels.com/iceberg-of-ignorance/.

第三章

风险：我们如何承受它，又怎样创造它

Chapter Three

SPEAK UP

沟 通 博 弈

风险

当我们相信自己要说的话并且愿意承受把它们说出来的风险，我们才会愿意开口。

你也许会想"我有话要说"，紧接着，脑子里冒出的问题很可能就是："……但如果我说了，会发生什么？"本章讨论的是风险，以及我们对表达所带来的后果的认知会对我们的发言内容和别人的发言内容造成怎样的影响。

你将会学到：

☆ 是什么东西让你不敢说；该如何看待和减少它的影响。

☆ 如何察觉自己正陷入麻烦中，如何保持警惕。

☆ 从文化的视角出发，你对权力的认知会如何影响你对表达风险的评估。

☆ 职场的交流方式和环境会如何忽视权力差异最终导致沉默，或者只允许呈现政治正确和千篇一律的观点。

☆ 谁可能觉得你让人害怕。

☆ 你如何才能创造出一个更安全的环境，让别人能更自由地和你交谈。

表达——你察觉到的风险

你在害怕什么？

西蒙刚六十出头，是一家医疗慈善机构的主席。在他二十一岁的时候，作为一名年轻的医学生，西蒙目睹了一位外科医生的不当行为。当他指出问题后，他被叫进了咨询师的办公室："小伙子，如果你还想要你的前途，现在就把话收回去，当一切都没发生。"很显然，对方的意思是"再往下说，你丢掉的就不仅是饭碗，而是职业生涯"。

于是他屈服了，但这件事成了他的心病。

在采访中，我们遇见了很多因为仗义执言最终承担了严重后果的人。丹，那个吹哨人，迎接他的是一场巨大的悲剧；一位受访的英国教育机构首席执行官告诉我们，当他决定将入学儿童考试成绩评估的事情"直截了当地告诉部长和媒体"，他丢掉了那份令人羡慕的好工作；性骚扰受害者如果选择站出来发声就得面对许多真实的风险：人身安全无法保障、被排斥、被媒体谴责以及失去工作。[1]

然而，我们大部分人一次次地选择沉默，归根结底是由于被另外两个看似普通的问题困扰：我们不想让别人难堪；我们想被别人喜欢。

别人或许会受伤……等等，他们真的会吗？

这是一个我们在众多研讨会上反复讲过的故事。

迈克·马西米诺

迈克·马西米诺是美国国家航空和航天局（NASA）前宇航员。他解释说，在太空行走时，宇航员需要在太阳经过时及时把头盔上的遮阳板打下去，以免受到太阳光线的刺激；当走进黑暗的区域时要把挡板升起来。当飞行器绕地球飞行时，宇航员在24小时内会经历16次日出和16次日落，这也意味着他们要多次调整遮阳板。

在哈勃天文望远镜上进行了长达7小时的太空行走后，迈克需要解开安全护具。但当他走入黑暗区域时却忘了升起遮阳板，完全没意识到这件事的他觉得自己近乎失明，而这是因为他快死了。直到返回穿梭机舱内看到自己映出来的样子，迈克才意识到自己犯了什么错。

根据迈克的说法[2]，他的同事德鲁·弗斯特尔对他说："嘿，昨晚太空行走的时候我发现你的挡板忘记打上去了。""什么？！"迈克说，"你在搞笑吧？！如果发现了，你为什么不提醒我？！我当时什么都看不见，以为自己要晕了或者是要死了！你为什么不说？！"

德鲁回答说："我不想让你难堪。"

迈克说："你不想让我难堪？如果因此导致我安全栓操作失误最后飘到太空去了，难道不是会更糟？"

"有道理，"德鲁说，"是我做得不对。"

___

我们需要归属感，自己属于某一个群体。成为群体的一分子让人觉得安全。尴尬或者难堪是我们在感觉被排斥的威胁时会出现的反应。

但是，让人闭嘴的不仅仅是对"让某人尴尬"的恐惧，我们还会担心这会不会让对方生气、难受或者失望，乃至变得消极。回忆一下你的同事，或许是平级，或许是你的上级，你知道一些可能会对他们工作不利的消息。也许你注意到他们表达和倾听的方式很不受人欢迎；也许你听到他们给出一些自以为很幽默，实际上充满歧视意味的评价；也许你认为他们的穿着很不得体。但你没有告诉他们。

在某种程度上，你或许目睹了偶然的种族主义或性别歧视的发生。也许你听过甚至亲自参与了一些八卦聊天，但你知道他们是充满偏见的、不正确、不公平的。你这么做很可能是因为你担心如果出面制止会让你自己被别人讨厌和排挤。

尽管我们知道自己的反馈可能非常有价值，我们还是选择了沉默。因为一旦想到如果别人因为我们的发言而震惊、沮丧、生我们的气、开始警惕我们，甚至还可能责备我们，这种情绪和压力是我们不太能承受的。

在这种情况下，我们总期望别人能站出来发声，我们也会试图说服自己，期待这个人有朝一日能发现自己的毛病。

调查显示，害怕别人不开心和害怕被别人讨厌是人们选择保持沉默最常见的原因。

守护我们的人际关系和被他人接纳，对所有人来说真的都非常重要。

说了也没用

梅根当时正与一群来自欧洲某家大型银行的中层经理一起工作。讨论不断陷入僵局，最终暂停。核心问题在于成员们都秉持着一个坚不可摧的观点：表达是没有意义的。他们都认为没人会听你在说什么。所谓的风险也很简单，你开口，什么都不会发生，然后你要面对随之而来的失望和沮丧。

调查中，我们询问受访者，如果你选择说出来，你最期望能得到什么样的反应。如下页表所示，超过三分之一的人认为如果他们开了口，就得面对被忽视的风险；四分之一的人认为他们会受到压力（让他们闭嘴别说了）；三分之一的人认为说出想法一定会被忽视；而六分之一的人认为他们会受到压力。

如果我说了，他们会听吗？

	问题/风险	想法
我可能被忽略	39%	36%
我可能受到压力	25%	17%

数据显示得很明显了，也难怪许多人会觉得开口表达没什么意义。

它只会给我平添更多的工作

你有这样的经历吗？在会议上，你想到一个好点子或者意识到有什么必须要做，但最终却缄口不言。因为如果说了，上司的反应很可能是"想法很好。要不这样吧，你去落实推进，再把成果汇报上来"。

现在手头的工作已经足够让人筋疲力尽了，我们最不缺的就是新开一个项目或者猛然砸下一个研发机会。如果这个点子牵扯到给更多人增加工作量，他们是不会感谢我们的。

如果一个新上司即将上任，公司将进行重组或改变发展方向，我们可能会觉得没必要站出来呼吁改变；毕竟很显然，改变注定会发生，而且我们的工作量注定会翻倍。

我们也与英国的卫生和社会保障部门合作。所有人都知道如果他们仔细探究各项服务之间的关系，那整个系统的运作将更高效，并且能更好地为他们的社区提供服务。但现实是，他们都被海量工作压得喘不过气来，每个部门对于短期具体目标和任务的考核非常严格，人们疲于奔命，毕竟完不成任务是件很要命的事。

保持沉默的风险或者好处

我们心里总在掂量发表意见可能带来的风险，而如果表达得不到什么好处或者沉默能带来大实惠，我们就很可能会这么做。

路易斯·加里卡诺

在2008年访问伦敦经济学院时，女王曾问资深经济学家为什么没人预见2007—2008年金融危机的到来。

路易斯·加里卡诺教授[3]回答道，其实许多人确实预见到了这种情况的发生，但"贷款链每个环节上的人都只管埋头疯狂完成他们的本职工作：抵押贷款中介通过拉到贷款申请获取丰厚的佣金；银行大方地一批批发放贷款；评级机构向那些他们完全不懂的产品发放很高的评级……仅仅基于从12年的数据中得到的、不那么可靠的推论。最令人担忧的是，资产经理（养老基金等）盲目买入这些证券——如果不这么做，他们的业绩就会落后于同行，还有可能面临被解雇的风险"。在这种情况下，闭嘴保持现状的好处很明显，但试图站出来挑战，甚至改变整个系统显然是一件吃力不讨好的事。

第三章　风险：我们如何承受它，又怎样创造它　｜　065

发表意见的好处往往很小，甚至根本不存在，跟它所带来的社交和职业风险相比就更加不值一提。

说回我们的研究，关于指出风险或问题，或者是提出一个想法有多大可能会带来好处、惩罚或支持。

如果说出来，我会怎样？

	问题/风险	想法
我可能得到好处	20%	30%
我可能得到惩罚	15%	5%
我可能得到支持	67%	70%

指出问题或风险所在很可能不会给你带来任何好处。尽管大部分人认为这种行为能得到别人的支持，但仍有三分之一的受访者持不同意见。此外，虽然不多，不过15%的人认为他们会因为表达而受到惩罚。

有人告诉我们，关于铁路基础设施，哪怕是轨道维修和护理工作中出现极限脱险事件，现场领导也不见得觉得这有什么值得报告或者宣扬的。很简单，因为没有宣扬的动机，而相关事件的调查又会害得他们加班、目标完不成和奖金减少。

受访者们对提出一个想法可能得到的结果会稍微乐观一些，但大多数人仍然认为不太可能得到回报，而超过四分之一的人不相信自己能得到支持。

归根结底，如果对你没好处，又为什么要说呢？也许设想有其他人会说出来能让自己觉得轻松些。把皮球踢给别人，或者等你的继任者来收拾这个烂摊子，反正世界在不断变化，不是吗？

这不关我的事

毫无疑问，在2007—2008年金融危机到来之前，身处贷款链中的一部分人意识到了他们做的事有哪些不对，但同时他们也认为自己不该是说出这件事的人。大家都选择了沉默，因为"如果我不说，总有人会说的"或者"这事不该由我来说"。"如果什么东西出了问题，监管机构应该察觉到，或者首席执行官应该站出来说点什么。"某些情况下，这类想法或许有合理之处，但在另一些情况下，这更像是轻易地放弃了自己的责任。

乔

在采访中，乔告诉我们，20世纪90年代中期，他参加了在阿姆斯特丹的一个团队活动。当时，他的级别仅次于公司的全面合伙人。同样参加了活动的一位正式合伙人决定整个团队都去小镇里臭名昭著的红灯区看看，合伙人认为这挺有趣的。可事实上，他忘了团队里还有许多年轻、资历尚浅的女性。当晚，所有人看上去都挺享受在红灯区游荡，在现场观摩那些人做快乐事。几天后，乔的顶头上司把他叫进了自己的办公室。

团队中一名年轻女性觉得那晚的经历让她非常不适，但她觉得自己无法挑战所谓的权威。"你有试图做什么来阻止去红灯区这件事的发生吗？"乔被问道。可惜的是他没有；他倾向于保持沉默，尽管他有资格对这项建议提出质疑，但他选择的还是遵循与附和。通过反思，他发现自己习惯并依赖于服从上级的指令，而没能把挑战和质疑他们视为自己的工作（尽管在这个事件里，他是最有资格这么做的人）。

经历教会了你什么？

你之前开口表达的经历给你带来了什么？你周围那些选择说出来的人又经历了什么？

经历会给人带来一系列后果和应对策略。

有时，你可能因为在错误的时间说了错误的话而让自己或他人陷入十分尴尬的境地。有时，你明知不发声的自己也是共犯，却还是选择保持沉默，放任一切发展。有时，你对着手头的信息反复思考、手足无措，因为你不知道怎么将它传递给需要的人。也许有时，你选择站出来发声，却被彻底无视了。

比利

近期，我们应要求帮助一家专业服务公司提高其透明度。我们采访了许多员工，听他们讲述关于表达的故事。其中有些简直像传说一样被口耳相传。虽然准确性有待考证，但这些故事都很重要，因为它们影响了人们对于表达风险的认知。

其中一个有趣的故事发生在大约七年前。一个叫比利的员工在会议上公开挑战前任首席执行官。大约两周后，比利不见了。他快速地从公司消失了。

这件事发生在七年前，发生在上一任首席执行官身上。比利可能是因为个人原因离开的，但这个故事在反复流传中变成了：如果你挑战上级，就等着被炒吧。

"冒烟的鞋"是我们在跟另外两个组织合作时从他们那里听到的词。它指代的是一个卡通形象：人在挑战上级之后就飞快地消失了，快到只留下一双冒烟的鞋。同样，故事背后的真相已经难以考证，但可以确定的是，故事将继续流传，而人们也会因此保持沉默。

我们的经历和我们听到的故事（通常是被复述的版本）都会影响我们对风险的认知和判断。它们或许跟现实大相径庭，但就是能影响我们的选择。而且大多数情况下，它们往往会让我们朝着坏的方面想。

灾难化

尽管表达的风险确实存在，我们还是会把它放大——灾难化表达的后果。

马克

梅根和某个国际零售组织的领导小组一起举办了一个研讨会。年近三十的马克是全场最年轻的人。他被认为是潜力无限的成员。过去八年，他一直在组织里工作，也见证了组织的繁荣壮大。他一直跟着自己的老板，两人都以差不多的速度得到晋升。

这里的组织文化是"认真工作放肆玩，停止抱怨只管干"。马克在加入项目的头两天强撑精神，可在第三天与梅根单独谈话时，他承认自己已经到了崩溃的边缘。马克刚结了婚，也有了孩子，但他跟妻女的互动和相处远远不够。现在妻子已经下了最后通牒——要么多花时间陪家人，要么就再也别回来了。

当被问到为什么不把自己的难处告诉老板时，马克描述了自己的内心活动：

1.如果我说了，我上司会认为我不能处理好工作和家庭的关系。

2.然后他就会认为我的表现再不会像以前一样那么好了。

3.他不会再给我一些有挑战性的任务了。

4.下一轮晋升期我就会干不过那些全身心投入工作的人。

5.如果我不能继续晋升，而公司似乎每年都要重组，那么下一次重组的时候我就会丢掉工作。

6.如果失业，下份工作绝对不可能像这份工作一样给我提供这么多机会。

7.我赚得更少，得不到晋升和进步，也就没办法以"我想"和"我必须"的方式养家。

8.我的家人会对我失望，我可能会因此失去他们。

只一眨眼的工夫，马克已经从"如果我说了"想到"我会妻离子散"，他觉得自己被困在了一座无人的荒岛上。讽刺的是，按他的逻辑，无论说与不说，他都会得到家庭破裂的结局。[4]

通过讨论，我们分析了他的假设，一个重要的发现：表现突出和长时间工作有着几乎密不可分的关系——想减少工作时间，同时仍然被评价为表现突出是不可能的事。另一个是，如果他提到工作与生活平衡的重要性，可能会被上司当成一个没有才能还喜欢抱怨的人。

我们发现支持这些假设的证据其实都站不住脚。我们帮他为谈话做好了准备，跟上司谈完之后，对方帮他找到了另一种工作模式，让他能更好地分配自己的时间和精力。

___

你该怎样做才能管理风险

在分析研究时我们发现，认为自己能管控表达所带来的风险的受访者数量惊人地少，只有不到一半的人认为自己知道该怎么把这件事处理好。这个现象成为我们最关心的问题。

关于如何识别风险然后降低风险，一些受访者给出了他们的建议：

　　☆ **把事情讲清楚，而且要准备好讲的内容**：这能让风险理论上（实际上也）有所降低。前文中提到的那位年轻的父亲马克，在项目中与一位演员合作，练习究竟该如何把他的想法告诉老板。关于自己说了什么、该怎么说，他都得到了至关重要的反馈，这让他达成理想结果的概率大大增加。

　　☆ **学会如何有效地提出挑战并给出建设性的反馈意见**：这是一个可以通过学习和练习而掌握的技能，使用它能够让你的表达更有望被听众接受。新西兰国家橄榄球队在接到"允许进入危险区"指令后会开始互相提反馈意见。[5]当你要对着一个体重115公斤、身高195厘米的国家橄榄球队员说可能会刺激到他的话时，你最好给他点机会做好准备，这样谈话的内容也能更高效地传递过去。下文里，我们将更详细地向你介绍如何做到有效表达。

　　☆ **进入正题之前先表明自己的意图**：如果听者能确实明白且相信你说这番话是为他们好，那他们给出消极反应的风险就会降低。或许这能帮助你更好地表达自己的担忧——梅根有位同事在最近一次谈话中是这么开头的："我说话的方式可能不够委婉，但我真的很想帮上忙——如果等下有什么说得不对的，能稍微原谅下我吗？"

　　☆ **找到你的盟友**：从安全的角度来说，人多势众或许有它的道理。如果你要说的话很冲击，那去找一些跟你观点相似并且也愿意跟你一起发声的人是个不错的选择。你的想法能得到更好的传递，也能免去做出头鸟的风险。

☆ **警惕那些反复纠结的时刻**：这往往意味着你正在灾难化自己表达的后果，这些想法很可能并不会发生。写下你的思考过程（就像前文里我们处理马克的想法那样），回头再读一遍，把假设都加上高亮标记，然后彻底检查一下是什么样的证据在支撑这些假设。我们会通过进一步解释帮你学会注意自己的想法而不是被它们迷惑、学会质疑这些想法，并且看清其中包含的假设。

☆ **问问自己，你的责任是什么**：我们太喜欢把表达的任务留给别人了，自己则袖手旁观。但其实，如果能遵从本心行动起来，往往会让人感觉更好。

倾听——别人如何看待风险

权力盲点

权力和风险每天都会出现在我们的工作场合里，但无论是发表意见的风险，还是如何创造一些安全的方法让人发表意见，都是鲜少被人讨论的话题。那些在别人眼中有权有势的人（虽然他们自己可能不觉得）忘记了在工作环境里无权无势是一种怎样的感觉。他们会疑惑：为什么其他人不勇于发言？或者是像我们倡导的那样来挑战我们呢？

他们要求人们开口表达，甚至会说：我办公室的门永远为大家敞开。这些话里隐藏的淡淡讽刺意味却被忽略了，这就好比是："我周围不需要马屁精，我想听到所有人都跟我说真话——就算是赌上你们的工作！"江湖传闻，美国电影制片人塞缪尔·戈尔德温就曾经这么说过。

我们的一位同事曾在某家欧洲工业巨头工作。据他描述，当时公司的首席执行官被告知他需要变得与人为善，要多跟人交流。这个首席执行官召开了一次大型会议，他站在台子的正中央，把自己想说的说完之后要求其他人给他提问题。全场鸦雀无声。这位首席执行官走下台来说："看吧，这就是在浪费时间。"（他的原话要比这个更冲击。）他是一个大权在握、信心满满且足智多谋的人，可就算这样，他也对人们在这种场合下表达需要多大的勇气这件事一无所知。

我们忘了自己有多可怕

你觉得谁怕你？谁会反复——甚至是多次——谨慎考虑过后才会对你开口说点什么？

如果面对这些问题你的回答是"没有啊"，或者是"怎么可能有人怕我，我这么好相处"，那意味着你很可能跟我们的许多受访者犯了同样的毛病。

再好好想想。

这可以说是我们发现的最大的盲点。我们中的许多人都认为自己好相处——我们确实是啊。然而你要知道，别人绝对会给我们冠上头衔、贴上标签。这是我们完全没办法掌控的事，但其中就很可能导致某些人认为我们很可怕或者难以接近。

举个例子，这些头衔和标签中有哪些可能适用于你（就算你本人并不同意）？

领导

经理

自信的

有影响力的

受欢迎的

门路多的（拥有很好的人际关系网）

吸引人的

高的/有身材优势的

聪明的

思路敏捷的

这些以及更多没有列出来的标签一旦有了地位和权威的含义，就可能会削减别人向你表达的欲望。这本身没有什么对错可言，事情就是这么发生了而已。

我们发现，许多组织和企业认为一切责任都在弱势的那方——他们需要勇于与强势方交流、表达。为此，组织会开展针对中层经理的培训项目，其中就包括教他们"如何勇敢地展开交流"。通常情况下，权力最高层人士不会给自己安排这种所谓的拓展项目。他们完全忘了自己给人带来的恐惧可能才是让别人选择闭嘴的最大因素。

弗朗索瓦

梅根对弗朗索瓦展开了长达几个月的教育培训，希望能帮他晋升为总经理。一天，她接到他打来的电话，开心地收到他成功晋升的消息。"不过有个问题，"他说，"两小时前我得到消息，从那时候开始，我身边的人一个个都从我的办公室离开了。"他进一步描述说，那些同事，有些一度跟他是同级的，在他任职总经理后似乎立刻就闭上了嘴，不再用以前的方式跟他交流了。

弗朗索瓦意识到有什么东西发生变化了，但我们中的许多人都对自己权力的影响力一无所知。如果忽略了这一点，我们就很难意识到或许对别人来说，向我们表达观点是一件很有风险的事。

在我们的调查中，66%的受访者认为自己在初级职员看来"一点也不"，或者说"基本不"可怕。此外，受访者们认为职位更高的人很可能意识不到自己有多可怕——80%的人认为高级职员"绝对不会"，或者是"几乎不会"意识到这件事。

哪些同事会觉得你可怕?

发现文化对权力的态度

历史上,这样的故事不胜枚举:当人们不认真对待权力差异时就会出娄子。大韩航空公司的等级文化也许对1997年关岛的坠机事件产生了重大影响,同样的道理也适用于哥伦比亚航空公司1990年的纽约坠机事件。在这两个事件里,向权威提出质疑从文化的角度看或许都是有问题的。副驾驶太过害怕,不敢发表意见乃至挑战权威,最终导致自己以及飞机上的所有人失去了生命。[6]

我们的文化经历影响着我们对事物的判断,例如发言挑战高层人士是不是直接找死?如果他们能听进别人的话,那发言的风险大小究竟如何?在跟加拿大领导力发展专家莫里斯交谈时,他讲到自己在香港的经历。当时他的学生非常清楚直白地表示,自己的人生目标之一就是遵从父母的意愿行事,这让他大吃一惊。作为一个认同弗洛伊德观点的人,他本以为人会更在意追求从父母身边独立出来,并且将自我实现作为主要抱负,像北美人一样。他在香港同事的帮助下理解到,这里受儒家传统影响比受弗洛伊德思想影响要深远得多。

要发现一个人的文化取向并将它当成一种观点(而不是一种权力),是很困难的一件事。客观地给文化贴上标签是不可能的,毕竟文化与人永远相互联系。正如艾琳·迈耶在她的文化相关作品中观察到的那样[7],一名荷兰员工可能认为来自墨西哥的团队成员相对而言更看重等级之分，而在中国队员看来，那位墨西哥队员更像是个平等主义者。

1.你的文化背景在你对表达风险的判断上产生了怎样的影响？

2.具体来说，你是否认为下级来挑战你是OK的？如果是，你或许低估了对你开口时可能出现的风险（尤其当对方拥有不同文化背景）。你也许认为自己还挺好讲话的，但或许忘了别人给你贴的标签可能不是这么写的。

我们正式的发言流程会假装彼此是平等的

为了避免得到像那位举办了大型会议却并没有得到任何反馈的欧洲企业首席执行官一样的结果，我们的讨论会和流程都在努力确保创造一个能跨越等级、文化和部门的话语环境，尽量让人们免于权力差异的影响。

当意识到有些人可能觉得风险太大而不开口，我们会用其他方式引导，例如热线电话、360°全方位评论、匿名员工调查和意见箱等。但这些都只是曲线救国，而且效果有限，往往在推进过程时让人觉得这些能解决问题。

想想巴克莱银行的首席执行官试图揪出告密者的惨痛故事[8]，或者是我们的老同事迈克尔曾供职的非营利组织里发生的事件：三位级别最高的主管发现其他人在会议上很难有机会直接向他们提问，于是想了个办法——先收集匿名问题，然后在会上解答。有一个问题把他们三人都难倒了。于是散会后，他们想办法把这个提问人挖了出来。这些事情向所有员工证明了所谓匿名都是假把式，只要你敢问什么不该问的，就会立马被查个一清二楚（就算调查是出于好意）。

在浏览员工调查的相关数据之前你是否曾经犹豫过？

我们认识的一位心理健康部门的高管就从不填网上那些关于企业文化的问卷，因为问卷呈现的相关信息能让他们企业的首席执行官顺藤摸瓜确认他身份，而他们这个首席执行官又是出了名的"不喜欢坏消息"。

梅根最近在与一家欧洲公用事业组织的人力资源总监合作，为高级经理们设计举办一次研讨会，主题是"站出来领导"，着重解决如何改善团队对话环境，提升对话质量的问题。按计划，他们的首席执行官也会花一个小时参与到研讨会中。人力资源总监提的第一个建议就是首席执行官讲讲他对"团队成员们如何才能成为更优秀的领导者"的看法，然后再回答关于公司战略的问题。

这种类型的会你们公司组织过多少次？

梅根指出，想要完成研讨会的主题和目标，采用的却是"问老板"的形式，未免多少有些讽刺。她建议让首席执行官先思考自己有什么最想问团队的问题——他最好奇、最感兴趣的是什么——然后围绕这些开展对话。对很多高管来说，比起拿着一篇写好的稿子翻来覆去地讲，这种提问探讨的方式要难多了。事实上，听到这个建议后，人力资源总监的第一反应是要完成这个任务，准备时间可能会过长。

创造安全的环境和流程

往往需要掌权者出手来创造一个让人能够发言的安全环境。到现在，我们已经了解到让掌权者意识到谈话的困难、权力的影响等一系列事情有多难办，毕竟他们往往认为表达是理所应当的。全体大会也好，"敞开办公室的门"也好，很可能加重员工的不安全感，甚至被他们嗤之以鼻。

然而，我们也采访过很多领导者，他们很重视这件事，会仔细思考该怎么做，并且真的建立了行之有效的机制。

一名基地指挥官说，他曾试着在固定时间段内坐在餐厅里，但完全没人来找他交流。通过摸索，他在一个周五晚上的中士食堂里找到了交流的契机，他可以参与到大家的闲聊中，而其他人也更愿意敞开了聊。他说，在聊天的时候，他甚至得穿上防弹衣，因为别人很可能说着说着就来捅他一刀。中士以下军阶的人要跟他说话，最安全的方式是做他的司机（往往是最年轻的学员），在开车的路上开口。

在一次政府部门的重大重组中，重组后的结构通过Skype网络电话向全体相关人员展示了15分钟。随后Skype会议暂停，人们有一个小时的时间跟各自小组成员讨论接收的内容。随后会议继续，每组派一个代表进行提问。在这样的流程下，员工们得到了解读信息的机会，也能够集思广益，一起提问。这些方法都有助于降低表达的风险。

在我们的研究中遇到过一家临终关怀医院，里面的高级护士被人指出送药错误时会轻描淡写地跟对方说："好咯！我的文书工作变多咯！"她知道这个错会惹得自己的服务对象很不高兴，也知道必须在问题闹大之前赶紧撤火，而她选择的方式就是在被人找去谈话之前把这个问题变成一个官僚主义问题。医院期望有人能指出错误，所以对医院来说就必须要更加谨慎，给出正确的反应，只有这样才能让员工们相信自己可以在医院提出问题或者表达观点。

视觉方法，在某些情况下比口头表达看上去威胁性更小，因此很多受访者表示，为了得到反馈，他们会更倾向于采用这种方法。比如一家儿童及青年人心理服务单位会采用一种叫作"说话垫"的方法，不仅可以让员工和客户一起使用，也可以运用于员工内部。[9]通过使用互动性强的图片符号，谈话双方都更投入，整个谈话的交互性更强。在约翰与一家流浪汉剧院公司——纸箱公民剧团——合作的过程中，他把"二进制树"[10]技巧跟许多代表不同情绪的图片结合使用，人们也就不需要全靠嘴说才能表达自己的情绪了，很多人都表示对这种方式的肯定和接受，它被认为是一种更安全也没那么吓人的表达方法。

带着风险意识去倾听

如果希望别人能对你敞开心扉，你就必须学会从他人的视角来看世界，尤其是搞清楚他们对地位、权威和安全的看法。我们的受访者们提出了如下建议：

☆ **换位思考：**看上去好像很容易做到，但实操起来就会发现并不是。不妨问问你自己：

☆ 别人认为你的权力来自哪里？

☆ 如果别人认为表达有风险，思考一下风险可能来自哪里（先不管你认为那些风险究竟存不存在）？

☆ 和你谈话让人觉得压力大吗？怎样才能让他们不带恐惧也不觉得有负担地向你开口？

☆ 是否有人因为你总是要他们提出解决办法或是负责落实而选择不再向你开口？

这些内容也许是别人需要的，但也有可能不是。

☆ **举办有效的非正式及正式讨论会：**拿笔写下所有的相关群体（比如顾客、供给方、合作方等），然后列出你跟他们现在的交流方式。考虑一下，如果他们需要在下列情况里跟你交流，他们会怎么想：一个非常庞大的组开交流会，即使是组内讨论，成员是否仍会觉得发言有风险？哪些组的成员没有直接跟你沟通的途径，在他们的判断中，通过其他途径（比如参加调查或者"遵从上级的命令"）跟你取得沟通是更方便还是风险更大？想想哪些环节的效率还能再提高。

☆ **当别人跟你说话时，注意自己释放出的信号**：别人的意见你感兴趣吗？对于愿意跟你交流的人，你表示感谢了吗？当别人反对我们的意见或者对我们提出挑战时，许多人都不太知道该如何给出反馈。我们需要控制自己的情绪，尤其是当我们觉得别人的发言威胁到自己的时候。你如何对待那些曾对你直言不讳的人？在下文中，我们会更深入地讨论这个问题：你在别人发言时给出的反应，会成为别人日后判断跟你说话风险大小的依据。

☆ **主动欢迎有建设性的挑战并且发起讨论**：不要只是在那里干等，期待员工们会纷纷自动跑来建言献策。例如可以通过提问引导对方开口："如果这个问题还有不同的解读视角的话，你认为会是怎样的？""如果还有什么问题是我没发现的，你觉得会是什么？""如果你是顾客、供给方或者合作方，依你看来，这里面会有些什么问题？""如果我可以用不同的方式来处理一件事，你认为该是哪一件？"（适当地）帮助别人切换视角，减轻表达意见时的压力。我们总会倾向于指责那个意见不同的人，所以，与其回避这个现实，不如想想办法与它好好相处。

☆ **给别人能仔细思考的时间，以及能提供集体反馈的机会**：这样能减轻他们发表意见的压力，而你也能得到有质量的信息。能让人有机会给出自己思考后的答复，而不是单纯地对收到的信息做出反应。

☆ **想办法减少权力差异：**让对方觉得自己很重要，有意义，愿意说。这些往往可以从细节处着手。诺基亚的老板在这方面就做得很好，他第一次跟我们的同事布鲁诺见面时就给了他充分的关注。皇家莎士比亚剧团的导演也是，他开设了专门教人表达和倾听的课程。在课程刚开始的时候，他会刻意让自己显得不那么"完美"，减少学员们的心理压力。

核心要点

☆ 信任和风险总是相伴而生。我们有话想说，就一定会考虑表达的后果。

☆ 人们在决定是否发言时会做风险/回报评估，然而风险往往非常明显，回报总是难以发现。

☆ 风险跟社交息息相关——要么导致被接纳，要么导致被排挤。

☆ 一旦认为表达的后果不可知或不可控，认为说了也没意义，认为如果我们不说总会有人说的，或者认为说了就会给自己平添工作量，人们往往会选择保持沉默。

☆ 对风险的评估反映了人对自己权力大小的认知。当权力距离拉大，风险也会随之增加。

☆ 我们低估了自己在别人心里的可怕程度。

☆ 权力大的人需要为别人提供安全感。

☆ 社会和组织文化影响着人们对"是否能挑战权威"的判断。

☆ 职场交流和探讨活动有时会忽略权力差异的影响，进而低估对风险的认知。

可以试试：回忆一个你想得到他/她的意见，对方却可能认为你有些可怕（而不太敢开口）的人。下次见面时，想想该如何减少你们之间的权力差距。

引用出处

1.https://www.theguardian.com/commentisfree/2017/dec/01/ speaking-up-against-sexual-harassment-is-stilltoo-risky-for-most- women.

2.https://www.newstatesman.com/politics/uk/2016/11/my-visor-down-against-night-i-unhooked-my-safetytether.

3.https://www.theguardian.com/commentisfree/2008/nov/18/ response-credit-crisis-economy-response.

4.For more on this sort of double-bind see: Kegan, R. and Lahey, L. (2016) *'How the Way We Talk Can Change the Way We*

Work'. Harvard Business Review Press.

5.https://www.xero.com/blog/2015/10/pressure-is-a-privilege-lessons-on-leadership-from-the-allblacks/.

6.https://news.nationalgeographic.com/news/2013/07/130709-asiana-flight-214-crash-korean-airlinesculture-outliers/.

7.https://hbr.org/2014/05/navigating-the-cultural-minefield.

8.https://www.theguardian.com/business/2018/apr/20/barclays-ceo-jes-staley-facing-fine-overwhistleblower-incident.

9.https://www.talkingmats.com.

10.https://www.blobtree.com.

第四章

理解：驾驭政治和权力中的不成文规则

Chapter Four

SPEAK UP
沟 通 博 弈

理解

想要做到有效表达和倾听，你需要理解自己所处的政治环境。学会怎样理解和应对这场游戏里的不成文规则对你的成功和职业生涯都至关重要。

解读规则很重要，能够识别成文和不成文规则的区别也很重要，这就像是想办法让自己适应教室的环境（有一个明确的权威人物在下达任务，把控全局）和操场的环境（相对更加混乱，也没有什么所谓"官方"管理）一样。

你将会学到：

☆ 如何衡量和理解政治环境，了解它对表达和倾听意味着什么。

☆ 这些规则如何影响：你该听谁的，什么你能听到，什么你听不到。

☆ 你在什么时候容易错误地理解这些规则，也就是你什么时候容易低效率表达或者倾听。

☆ 你所处团队、部门或者组织的政治环境是怎样的。

☆ 在你所处的政治环境下，如何才能做到更有效地表达和倾听。

政治可以被理解为行使权力和做出决策的具体规则，而不成文的规则往往会通过工作开展的方式和规定施行范围内的文化价值观得到体现。也有可能跟它们截然相反。

我们在职场上的每一次表达和倾听都是基于议程竞争的政治环境下的选择，而我们的选择又会成为别人议程的一部分。换句话说，表达和倾听背后都有政治行为支撑，它们从来不是中立的。当某些观点得以表达，对现状造成了冲击或者是巩固了现状，一定代表着某些人或者团体的胜利，或者失败。

尽管政治无处不在，只要人们交流观点或者做出行动，它就有迹可循，但它还是不受欢迎，比如"办公室政治"就常被作为贬义词使用。"办公室政治"被用来表示滥用权力和进一步对个人优先级产生影响，通常会对别人造成不好的后果。

有时政治是自私且阴暗的，但它也能起到鼓舞人心的作用，将团队凝聚在一起取得傲人的成绩。与政治打交道无可避免，但也不需要彻底出卖自己的灵魂。

在政治职场上表达

为了在职场上更有效率地完成任务、表达观点，你需要对自己所处话语场的政治环境有一个清晰的认知。这意味着：

☆ 搞清楚同在组织里的其他人有什么样的权力和影响力。

☆ 找渠道了解他们的工作议程和优先级是什么。

参与我们项目的受访者中，半数以上表示他们对掌权者们的议程和优先级一无所知，而且无从得知。

莫

莫是某家受访的全球科技公司里冉冉升起的一颗新星。他第一次参加全公司会议是在佐治亚州的亚特兰大。他清晰地意识到公司的命脉拿捏在北美掌权者的手中。当人们提名选择未来几年的部门经理时，莫选择了芝加哥办公室的托尼而无视了把他招进伦敦办事处的什卡女士。莫和托尼相谈甚欢，还颇有些一见如故的意思。但莫不知道的是，什卡做托尼的学生已经很多年了，他们是很好的朋友，彼此守望相助，亲密无间。

对于莫想要排挤她、阻碍她壮大伦敦团队宏伟计划（这是什卡和托尼共同的计划）的行为，什卡有些不满。莫在一年以内没有得到任何晋升，而且在更长一段时间里，他都得夹着尾巴做人（找机会道歉，并且试图修补人际裂痕）。

谁在掌权？

某些情况下，谁是掌权人似乎显而易见，但花时间检验一下自己的假设还是很有必要的。尽管我们常用等级结构来辅助理解这一切，但它们并不总是匹配的，你也许能发现跟你一起工作的人有些级别高但没有多大的影响力，有些级别低的人却有着相当大的影响力。

我们也不能只看个人情况就武断地做出预判，结合整个政治环境来评估是至关重要的：政治权力是如何从人际关系中诞生的？弄明白了这一点，你就能理解，举个例子，掌权者们是倾向于通力合作还是针锋相对。

我们相信，比起把组织看作一个等级分明的金字塔，把它当作一个基于政治影响力而构建出的系统或者网络会对我们的工作与生活有更大的指导意义。工作头衔能说明一些问题，但性格和社会关系（有些甚至会延伸到组织以外）能透露出更多的信息。梅根曾经无比后知后觉地发现跟她密切合作的两位董事其实都是已婚人士，这件事也成了她自己回忆起来都觉得有些想笑的经历。另外值得注意的是，很多决定往往是在晚餐饭桌上决定的，就像梅根参加的那些正式会议时经历的一样。

另一种观察权力的方法是使用比喻，就像观察最新的组织结构一样。家庭可以是一个起点，在这里，人们头一次切身体会到权力和权威的影响，但从这个比喻开始，同样是有风险的，因为人的经历会让他们对权力和权威产生强烈的负面或者正面的情绪反应。约翰更喜欢把工作当成虚构小说、电影、电视情节等，以此把人从对生活过于理性主义的理解中解救出来，给探索权力的旅程增加一些情绪和感觉（当然，增加的部分不能太私人化）。

回想你的工作场合，以及一个你想公开谈论的情况，其中都有哪些人，扮演着什么样的角色？哪部戏剧、电影或者电视剧的情节跟你现实生活中经历的"做决定"最相似？

☆ 比如说是像《权力的游戏》，每个人物都来去匆匆，无法久留或者深谈的样子？还是说更像是那种懒洋洋的肥皂剧，人们可以随便就一起待上一整天？

☆ 或者是《辛普森一家》？顶头上司是个有点容易好心办坏事的人，然后身边还有一个永不消停的巴特，总是看领导不爽；一个端正自持的莉萨或者一个任劳任怨的玛琦。

☆ 也可能是《李尔王》或《哈姆雷特》？一个即将或者已经退休的领导，手里还握着些许权力，非常容易听信别人的谗言，殊不知这些人都在觊觎他或者她手中的权力。

☆ 说不定是《灰姑娘》？谁被各种嫌弃，谁想要大干一场，谁暗自谋划着要干掉谁。

权力不是死物

一旦我们形成了自己的政治网络和比喻，我们就需要紧紧地把握住它。换句话说，我们要意识到自己掌握的东西，也许既不

"正确"，也不客观。

提问，例如，谁掌握着权力？你该怎样发现权力？权力是怎么构建出来的？假设权力是一个固定的东西，那关于谁有谁没有，大家自然比较容易达成共识。当然也有人会问"用来干什么的权力"，但这个问题不影响我们的评估，毕竟有些平日工作里权力无限大的人可能一瞬间就显得没那么强大了，比如新来的首席执行官推出了一项新议程的时候。

所谓对权力的感知也就如同字面意思，只是感知。也就是说，就算某个机构的权力结构是大多数人认同的共识，对具体不同的人来说，他们还是会有自己的理解和体悟。比如，关于"高层、中层和低层人员对公司的所见所感之差异"，巴里·奥斯瑞就完成了一项著名的研究。[1]此外，具体环境很重要。公司财政的突然变化、重心从运营突然转为创新等，都可能导致掌权人和掌权理由发生巨大的变化。

我们与人发生交集，而我们对于对方在系统内的地位有着自己的看法，这些看法也会影响我们对相对权力和地位的认知。一点一滴累积之下，我们也就会依此决定什么该说什么不该说、什么该听什么不该听、听的话该怎么听等。

回想一下梅根第一次遇到她的新首席执行官的场景。她对于与会人员权力的感知是十分固定且片面的：他掌权是因为他是等级顶端的那个人。但随着他们的交流，梅根对于相对权力的理解发生了改变。例如，当她发现自己"领导力专家"的身份被对方

重视后，她意识到自己在对方眼中也是手握权力的人，这改变了
她对于政治环境的理解。

综上所述，我们可以说，权力是相对的、基于情境的、动态
变化的、非常主观的，它存在于一个宏观和系统的层面上，并且
与每时每刻的相互作用和关系都密切相关。尽管我们都想把权力
简单粗暴地归纳为"谁有、谁没有、我能有多少"，但很显然，
过分简化它只会限制我们感知和理解周围政治环境的能力，最终
变得没办法有效率地表达自己。

他们的议程里都有什么？

搞清楚谁掌权是一回事，而政治敏感性还意味着你要弄清楚
掌权者们的优先级和工作议程。如果你对这些一无所知，就算你
愿意说，也可能说不到点子上。

玛丽

玛丽有一份学习和发展简报，她的任务是向所有单位的领导
团队介绍"系统思维"的好处。玛丽本身很相信"系统思维"，
也总是抓住一切机会来宣传和倡导这些内容。她最近见了一个单
位的首席财务官，对方耐心地听她讲了10分钟后才插了几句嘴：
"我手上有6000万美元的赤字，接下来六个月内必须解决，你说
的这些对我有什么用？如果这个6000万的窟窿堵不上，一切就都
完了。"玛丽又坚持推销了几分钟自己准备好的内容，然后意识

到她脑子里并没有能够帮助这个首席财务官解决问题的办法，而他只对解决问题感兴趣。

除此以外，就算她磨破嘴皮，他也什么都听不进去。

确定对方的优先级能帮助你"对症下药"，说到对方心坎里，但这需要你能够站在他们的立场（抛开你的立场）看问题，然后检查自己的假设是否需要调整。这些或许能帮到你：

☆ **停下手里的一切，腾出点时间**：如果需要，可以闭上眼睛想象一下那个你想要与之交流的人是什么样的。什么会让他们夜不能寐？什么能让他们心满意足？他们想要什么？他们希望别人如何看待他们？什么对他们来说很重要？

☆ **问问别人**：不要只问那些跟你同一阵营或者是世界观相近的人。如果你觉得那个你想交流的人很难搞，不要只去找那些同样难搞的人寻求建议，去问问那些能把难搞的人统统搞定的人，看他们有什么好建议。你表达请求的方式非常重要。你可以说你有些话想讲，而对方很显然是这方面的专家（千穿万穿马屁不穿）。你可以问问："X在想些什么？""他们愿意听取别人的想法吗？"或者"提出问题或挑战的最好方法是什么？"

☆ **问问他们**：但别全听全信，别指望人家告诉你的优先级就一定是真的优先级。举个例子，对外宣称以创造和创新为优先，但事实上，季度报告里的数字或许在现阶段更加重要。试试问他们："你的工作目标是什么？""现阶段对你来说最有挑战性的是什么？为什么呢？"或者"你的上级或者董事会最关注的是什么？他们给你下的死命令是……？"

☆ **心中牢记对方的优先级，再表达：**退一万步讲，如果你真的没办法把他们的关注点或者想要的东西跟你想表达的内容挂上钩，那也要表现出你至少认真地考虑过这些。

在政治职场中的倾听

在考虑政治环境的情况下做到有效倾听，你需要：

☆ 当别人跟你说一些他们认为你想听的话，要小心判断。

☆ 当别人跟你说一些他们希望你去传达给掌权者的话，要引起注意。

某大型国际银行的首席运营官表示，他一直以为自己在员工身边走来走去、指点江山的时候给别人提供了很多帮助，别人也确实是这么告诉他的。但后来他才发现并不是这样的。有些时候，别人就算认为他的建议并不好，也只会闷头按他说的把事做了。

约翰跟一个丹麦高管团队合作时，对方的一位经理告诉他："这群人平时亲如一家，有事一盘散沙。什么团队，都是笑话。"说这话的人知道公司高层是听不到这些评价的，至少不是从她这里听到，毕竟在过去的两年里，他们都在尽心竭力地拍老板和团队的马屁。她清楚地知道，就算上层们嘴里说着不惩罚"勇于指出问题的人"，实际上，该罚的估计一个都跑不了。可是，这些话如果是从专家约翰嘴里说出来，效果就不一样了，这就是她选择的迂回策略。

本节开头提到了倾听的两个方面，现在让我们来具体地看一看。

你说的笑话似乎越来越好笑了

当你掌握的权力越来越大时，你说的笑话都变得更好笑了。换句话说，权力越大，周围的马屁精可能会越多。他们除了会被我们的笑话逗得哈哈大笑（即使它一点也不好笑），也会更加迎合我们的喜好去说话做事。

你有没有注意到：

☆ 你不太会被"顶撞"了，大家都认同你的观点。

☆ 只要发表观点就会收获肯定和称赞——非常多的肯定和称赞。

☆ 要费很大的力气才能从别人那里得到不同的观点。

☆ 别人提起你都是赞不绝口。

☆ 所有人都同意你想要改变的计划，但没人提实操意见，计划永远只是计划。

在福特汽车公司前总裁艾伦·穆拉利加入公司的那一年，他了解到公司预计亏损170亿美元。他想弄清楚这件事，但在第一次商业计划审查会议上，全球各商业部门向他提交的图标都是"绿色"的，说明一切进展顺利。他中断了会议流程，说："各位同事，清醒一点，170亿美元要从我们手里飞走了！除了'一切顺利'，还有别的什么东西要说吗？"[2]

梅根和皇家访问

在一个团队的领导力发展项目中，梅根曾经组织了一个商业模拟。团队成员得到总部传来的消息，英国皇室的一名成员将来访问他们，这是官方访问的一部分。一系列绝无仅有的准备活动就此展开，梅根也被拉去帮忙："上午11点04分的时候，按计划，这位尊贵的皇室成员将走过我们办公室，我们的计划是要表现出一副正在做些有趣事情的样子。你能过来跟我们一起把领导力模拟的结尾部分再做一遍吗？"

"我先确认一下，"梅根说，"你希望我在明天上午11点04分的时候模拟'领导力模拟'场景？""没错。"

这个瞬间，梅根突然意识到，这位皇室成员可能不会知道自己在11点04分的时候将看到一个教科书版的"虚拟现实"。但对终其一生都在接触那些精心准备和完全设计好的人和事的他们来说，所谓"真实"，又从何得知呢？

你也许不是皇室成员，但如果握有权力，你就会让人害怕，也可能会被人用类似的"烟雾弹"伺候：人们会揣摩你想看什么，想听什么，再按你的喜好一一呈现，同时他们还会惶恐自己是否留下不好的印象或者惹到你。

如果你不想被"别人以为你想听到的真相"淹没，那就得学会如何更巧妙地鼓励对方开口表达。

他们想告知的并不是你

在政治环境中倾听还需要注意的是，我们要意识到别人为什么来跟我们表明心迹。如果我们是有影响力的人，那么有些信息能被我们知道，或许是因为表达者希望我们将其传递给其他有影响力的人。

萨曼莎

保罗供职的公司与萨曼莎的公司是对家。萨曼莎负责管理一家大型上市公司的股份，而保罗负责监管对这家公司的一项投资。董事会里发生的风吹草动，萨曼莎都十分关注，她给保罗打了个电话，把她知道的通通告诉了他。保罗被拖下水，随时准备行动。在他遇到董事长和首席执行官的时候，他们发生了一场激烈的对话。

每次萨曼莎试图参与这样的对话，都会被拒之门外。但现在，她的目标达到了，她促成了一场关于执行团队是否称职的公开辩论。就这个案例而言，虽然萨曼莎的年龄和性别或许限制了她的影响范围和活动空间，但通过把自己的想法传递给某个手握"高层俱乐部"门票的人，萨曼莎最终还是成功地把自己的想法传递了出去。

我们考察过一个家族企业，它给人的印象相当深刻：企业里有一位家族外成员，这位"外来者"不仅得到了所有家族成员的信任，甚至还会被委派教育家族继承者们学习必要的知识。这个"外来者"正是继承者的信息来源。"外来者"知道自己只是一个权力的传递通道，并不拥有那些独属于家族成员的权力。

表达和倾听的文化，以及游戏规则

无论是表达还是倾听，我们都需要先搞清楚自己所处的环境里运行什么样的游戏规则，而我们又是怎么在有意或无意中参与到游戏里的。职场内的谈话都会包含一种叫作"政治正确"的品质。游戏往往则是围绕着"弄明白自己可以说什么，该说什么和不能说什么"展开的。

在大量学术文献和管理文献的支持下，我们开展了研究，并且发现了一系列被大多数人认为是相对安全和比较好聊的话题。你的职场中会谈论这些吗？这个问题你得弄清楚，毕竟你能说什么和你能听到什么，很可能会受它的影响：

☆ **有形物**：往往是指可衡量的东西（如关键绩效指标KPI、财务业绩），与之相对应的是无形物，比如幸福感和动力。谈论后者时往往会借助前者来进行"具象化"（用KPI或者是统计基准来具体描述怎样才算达标/成功/幸福等）。某位受访者告诉我们，一位政府部长命令他去"做数据，直到它让我满意为止"。政府高层在做决策时，往往基于认为这些数据是"正确的"。

虽然老掉牙，但如今仍然适用的一句话：谎言，该死的谎言和统计数字。

☆ **认为"变化是好事，也能被管控"的观点**：与它相对的是认为"变化是不可预测的，而且总会给一些人带来负面影响"。

在受访组织中，有一个组织很自豪地向我们展示了其核心价值观之一：人要"以积极的眼光看待变化"。虽然出发点是好的，但盲目推崇这个观点可能会让合理质疑失去生存的土壤。

☆ **一份符合上位者和利益相关方优先级的预算**，可往往无法实现，而不是一个看着很惨淡但能够实现的预算。比如，我们的首席运营官就总把预算叫作"公司最大的谎言"。

我们采访过一位曾供职于英国国民健康保险制度内某医院的首席执行官。由于他坦诚地说出了医院在年初的预算情况，也等于在自己的职业死亡证明上签了字。公共卫生预算一直是"大P"（政府层面）的政治问题。他进一步解释道，卫生领域以往的传统是每个人都表示预算是可以实现的——直到当年的最后一个

月，人们又在差不多的时间宣布赤字。巨大的压力涌向了这位首席
执行官，最终他觉得"好了，我受够了"，然后辞职。一位声名在
外的首席执行官空降到这里接盘，并许诺达成一份新的非赤字预
算。结果到了年末，这家医院分毫不差地按照之前的赤字预算完
成了交付。

☆ 那些让我们看起来"完美"的成就，而不是揭人短板的
错误。

不久前，约翰为一家大型的全球咨询公司创建案例研究项
目。在对方的要求下，公司的地理位置和相关行业信息都做了修
改。即使是这样，公司仍然拒绝将这个案例以任何方式在其他地
方使用（不管是对内还是对外）。原因也很简单，因为这是一个
关于内部项目出错的案例分析。公司不愿意给客户和监管机构留
下哪怕一丝一毫的负面印象。这种追求完美的风气意味着错误永
远会被掩埋，而取得进步也越来越难。

☆ **那些高层更了解的东西，而不是组织里普遍知道的知识和专**
业技能。

杰米接受了我们的采访。他二十多岁时就已经是网络安全方
面的一名专家了。杰米之前在一家大型咨询公司上班，公司合伙
人奉行的理念之一是"在客户面前，合伙人才是专家"，而这位
扮演专家的合伙人正是杰米的顶头上司。合伙人一个劲儿给客户
推销不合适的网络安全服务。杰米"炒"了老板，去了一家专业
公司。新公司不以等级职位分高下，而杰米的专业技能为他赢得

了相当的尊重。

　　☆ **更倾向于谈论主动合作，而不是袒露自己冷漠或者争强好胜的性格。**

　　在一家全球专业服务公司负责知识产权相关工作时，约翰发现公司的美国办事处和德国办事处之间有那么点看不对眼的意思，双方都对彼此提供的知识产权不屑一顾。而如果将新的知识产权定为"由荷兰办事处提供"，就免去了很多不必要的竞争。

　　英国国民健康保险制度提出了新的系统商业模式，将卫生和社会福利相结合。我们的一位受访人迈克，出席了个组成机构代表参与的董事会。会上有人表示他们将认真对待中央提出的关于合作的任务，但事实证明他们是"言语中的巨人，行动上的矮子"。他们都很机智，认为一年内会提出另一个倡议，所以，假如他们能做好这个倡议，就万事大吉了。

　　关键是要搞懂游戏究竟该怎么玩。毕竟话题（包括上述这些）不管"安全"与否，谈论起来都有风险，我们迈出的每一步都要小心谨慎。

　　带有洞察的倾听要求我们具有"抽离"能力。从游戏中抽离出来，以更批判的眼光看待我们的谈话。如果不这么做，我们很可能就成了所谓的"傻白甜"，别人说什么就信什么，而这是非常危险的事情。

当你极容易把政治理解错的时候

有时候，我们可能很容易就误读了职场政治规则，这时候你就得格外警惕自己表达和倾听的方式：

☆ **当你刚入职**：通常情况下，刚加入的人更容易发现公司里那些奇怪的运作方式，而已经工作了一段时间的员工往往已经麻木到看不见了。然而，当我们开始尝试学习这里的"话术"，就很容易失态或者犯错。

一位直来直去、令人敬畏的美国女性高管加入了一个非常传统的英国组织，我们当时正与后者开展合作——她在这里仅工作了六个月——她的与众不同对整个组织来说都是无比珍贵且十分必要的，但她却没能学会这个组织的运转法则和政治机制，也就不知道怎样才能让别人认真听取她的发言。让人沮丧的是，这家机构也没有以足够开放和包容的态度来对待这位女性高管。

☆ **当你被提拔**：我们的职位得到提升，别人对我们的态度往往也会发生变化，他们说话的内容和方式都会不一样。如果我们习惯了"某个同事"这种身份，那当身份发生变化之后，我们可能还会因为突然的变化而惊讶和不适应。比如梅根手下的学员弗朗索瓦，他是一个新手总经理。升职后，他发现同事们都开始跟他保持距离了。

☆ **在合并或收购期**：当两种文化发生碰撞交融时，没人知道它们的结晶会是什么样子。人们的地位和权力都会发生变化，而为了在新企业里得到好名声或好职位，新一轮的争夺无可避免。

　　☆ **高层出现变动时：**毫无疑问，新任首席执行官或者新董事的到来会对公司上层产生影响。谁掌握什么样的权力和影响力？之前的规矩还行得通吗？还是新官上任三把火？一切都是未知数。

　　☆ **当你因为"不同"而受邀加入：**"与众不同"可能是蜜糖，也可能是砒霜。有时我们会因为有不同的观点而受邀加入某个团队。和前文中提到的那位美国高管经历类似，我们邀请了一位前投资银行从业者加入正在与我们合作的一个房地产协会管理团队中，并且希望他能提升整个团队的商业和金融素养。合作持续了三个月，最终以差异太大，团队成员们无法接受而告终。

　　我们因为能够提供不同的声音和视角而受邀加入团队，但又不得不放弃特殊，试着"入乡随俗"来避免被团队排挤出局。"差异与融合"，这对团队动态发展[3]和团队表达倾听环境的塑造来说或许都是一个悖论吧。

怎样评估你的职场政治文化

　　政治权力影响话语权力。谁是掌权人？我们自己又有怎样的影响力？如果搞不清楚这些，我们就很难能够说得好或听得对，而我们的议程也许会被一万件其他人的议程淹没，也就更不容易把事做完了。

前文中，我们已经讨论过如何发现环境里的权力，现在来仔细想一下，你所处环境中的权力文化是什么样的？文化定义了表达和倾听的习惯，了解职场的文化能帮助你在准备向掌权者说真话的时候更清晰地分辨哪里有机会，哪里有地雷。

真相—权力框架是在我们采访分析、人种志研究以及合作调查的基础上搭建起来的。它从两个方面对职场文化进行评估：

1.**权力的使用**：它是掌权者用来确保自己的观点得到贯彻；事情的结果得到控制（权力压制）；还是被用来促成合作行动，让其他人能够以自己觉得合适的方式表达和行动（权力共享）。

2.**真相的判定**：存在一个真相，它由掌权者制定且不容置疑（单一真相）；多个事实，可以用开放的态度欢迎、包容甚至质疑它们（多个真相）。

如果我们用一个矩阵来描绘这些内容，就能得出四个关于政治文化的结论（如下页图所示）。让我们来看看它们与表达和倾听分别有怎样的联系。请注意，它们之间一定有相互作用的影响，不可能单独剥离出某一种文化来讨论。当你在看这些文化的时候，想想哪些曾经或者正出现在你的工作环境里。

真相—权力框架

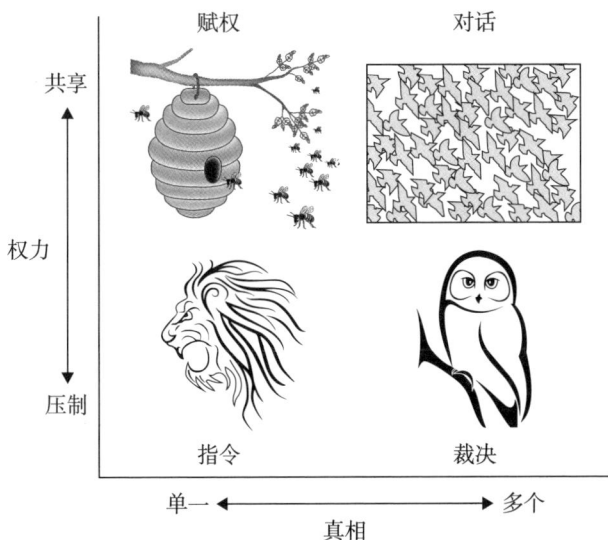

指令式的"狮性"文化

指令式文化里有一个至高无上的领头人（或者是一群人组成的领头小组）来设定愿景、策略和工作议程。他们期望其他人跟着走就行，不要想东想西，问东问西。他们认同单一真相——正确的途径就是这条了。权力则用来确保其他人的行为都在掌控中，并且能帮助他们达到目标。

任何对单一真相的质疑或反对行为都需要慎之又慎。如果你赢得了领头人的信任，而且知道在什么样的情况下他们比较能听得进别人的话，那表达意见的效果可能会稍微好点。

全球最大广告公司之一的副主席告诉我们，在工作中，他很快就意识到：别试图在小组会议时挑战主席。但是，如果等到单独出差，于深夜在酒店沙发里自斟自饮时，主席会比往常稍微愿意倾听。

在指令式文化氛围里实现自我表达，你需要先掌握影响"领头人"的方法。

而想实现有效倾听，如果你是那头狮子，你就得先对自己手里的权力有所了解。你很可能会听到一些别人认为你想听到的话。扪心自问，如果不主动寻求各方意见，你将得到什么样的后果。就算你不愿意把权力拱手让人，也要问问自己，那什么样的挑战是你乐于接受的。考虑一下该如何才能得到这种类型的挑战，毕竟你周围的员工可能并不乐意冒着风险去发起这些挑战。

指令式文化尽管被认为是过时的，但仍然非常普遍。如果掌权人独断专横又难以接近，那整个工作环境都会变得压抑不堪，令人害怕。在这里，臣服是唯一的出路。然而，如果掌权人善于鼓舞人心且富有领导魅力，那工作就会是刺激又有趣的；如果他们是大家长风格，你的安全感也许会随之上升。

以指令式文化来审视你的工作环境：

1.是否由一个人或者一个小组掌控全局，把控所有的话题和方向？

2.谁能影响到这个人/这群人？

3.你该怎么做才能增加自己对这个人/这群人的影响力？

4.如果你是掌控者，你要做些什么才能让自己听到更多不一样的声音？

赋权式的"蜂后"文化

在赋权式文化里有一个与"蜂后"很像的领导者，他拥有明确的身份和支配者地位。大自然中的工蜂为满足蜂后的需要而辛勤工作，但与指令式文化里的"其他人"不同的是，工蜂被赋予了自我组织和通力协作的权力，以便能让整个蜂群更好地发展壮大。

曾与梅根合作的某零售机构的运作方式就是一个很好的例子。通过开展领导小组会议，机构得出了自己的组织战略。这是一个既定事实——一个单一真相——其中包括要求每个部门至少要达到20%的投资回报率，这简直是一拍脑门做出的决定。但是，要求和权力会同时下放给各部门，只要能达到目标，他们可以去做任何他们认为需要做的事。领导团队通过使用自己的权力为员工扫清了完成任务路上的各种阻碍，同时也提供了必要的资源和权限。

从结果来看，如果你没能完成任务，赋权式文化环境或许能让你不那么害怕，毕竟方向和回报都是确定的，而完成方式则有一定的腾挪空间。但从另外的角度看，就像上面提到的零售机构案例，赋权式文化也可能会打消人的积极性，因为个人对整体战略方向产生不了什么影响。

在赋权式文化氛围里实现自我表达，你需要确定自己得到了充分的"掩护"。也就是说，你得先花时间确定目标是什么：反复咀嚼之前讨论的内容，确保自己搞清楚了需要完成的目标任务。这样我们就能确定哪些地方有可以挑战的空间，哪些地方没有。

从领导者的角度来看，要做到有效倾听，我们得知道自己说的话哪些还有讨论空间，哪些没有。有些情况下我们得主动缺席某些谈话，好让其他人来接手和推动事情发展。但在需要的时候，我们也要做到能够及时倾听，好找到扫清阻碍的方法。有时候，事情最终完成的方法跟我们的设想有所区别，例如我们鼓励别人多发言、多采取主动方式却没有人配合响应。这些我们都得做好准备，要让自己多有一点耐心和同理心。毕竟，如果之前所处的环境就是等级森严、做事一没资源二没权限的话，现在要别人突然适应新环境变得更主动，效果不好也是很正常的事。此外，如果你曾经明里暗里地以"业绩不佳你就惨了"之类的话威胁过人，那出了问题没人说，直到最后爆发你才知道，某种意义上说也算是一种"情理之中"吧。

以赋权式文化来审视你的工作环境：

1.是否有一个人或者一个小组把控大方向？

2.该采取什么样的方式才能更好地完成目标，决定权是否在你手上？

3.当看到设定的目标和大方向不可能实现或者出错了的时候，你会怎么做？

4.你该怎么做才能让自己在"设定大方向"的讨论中更有影响力？

5.如果你是那个设定大方向的人，为了把这件事做好，你能得到足够多你所需要的观点和意见吗？

裁决式的"猫头鹰"文化

裁决式文化期待和欢迎不同观点的出现，然后，聪明的猫头鹰会运用手中的权力判断该采纳哪一种观点。跟法庭裁决有点像，"猫头鹰"的决策往往就是最后的定论。

这种文化有效运作时，各种观点间往往会迸发出激烈的争论，进而要求人在做决定之前对各种观点都有更深刻的理解。相反地，当这种文化运作不良时，我们不免沦入跟同事的混战中，所有人为了拉拢"猫头鹰"而各显神通，一时间鸡飞狗跳，不得安宁。

普莉亚

曾与梅根合作过的一位人力资源总监普莉亚就发现自己无意中营造出了裁决式文化。一份份报告为她带来了很多"对人不对事"的挑战：她像是被卷入了办公室的明争暗斗中，每个人都想跟她一对一私聊，吹捧自己的想法有多好，而别人的点子多么垃圾。久而久之，普莉亚发现自己把越来越多的时间花在分辨孰好孰坏、谁对谁错上，但她在这上面花的时间越多，团队就越依赖她的观点，团队成员之间的合作能力反而越来越弱了。

在裁决式文化氛围里实现自我表达，你需要搞清楚如何才能呈现出一个令人信服的观点，此外，还要对其他的观点做到心中有数。表达方式也很重要，要想办法用合适的方法表达，避免不必要的竞争。当然，就算我们都奔着双赢的结果去尽力避免伤害其他同事，但有时候冲突确实无法避免。那就让自己变强吧，适应冲突，迎难而上。

当最终决策跟我们的想法有出入时，也要尽快找到合适的角度，以恰当的方式表示支持。输要输得有风度，当然，赢也要赢得体面。当最终决策跟我们的想法走向一致时，我们也需要好好说话，不要让那些持不同观点的同事觉得受到了排挤和孤立，他们同样是团队的一分子。

在裁决式文化氛围里实现有效倾听，你需要掌控节奏：什么时候鼓励别人发言，什么时候让他们稍微停一停听你说——你需要和其他人一起来解决这个问题，然后把结果告诉我。我们要对不同的观点甚至对立的观点保持包容的态度，鼓励人们把关注点放在共同努力的成果上，同时要警惕偏听偏信的风气。做出决定之后，也要能认真听取"败者"一方的观点。不仅如此，我们还要帮助他们摆脱挫败感，以及意识到什么时候该放下这件事，朝新的目标迈进。

以裁决式文化来审视你的工作环境：

1.你是否花了很多时间跟组织内的其他团队"斗争"？

2.你是否花了很多时间游说中立的决策团队，好让自己的团队取得胜利？

3.你该怎么做才能增加自己游说成功的概率？

4.你能做点什么来创造双赢文化？

5.如果你是决策团队中的一员，你会怎样鼓励人们去合作和竞争？

对话式的"椋鸟"文化

不像其他文化模式有相对清晰的权力框架，对话式文化会显得更加复杂难懂：它的等级权力是有限的，而且很可能没有一个明显的"指令链条"。通常情况下，权力是用来凝聚力量、分享观点和做出决策的，而一旦人们开始聚集，规则或多或少就会出现。有了规则，人群才会以合适的方式组建和重组，进而完成目标。

对话式文化跟椋鸟的习性很像。鸟群聚集在一起低语（大型协调群体），然后在飞行过程中不断对自己发布和调整命令。

在对话式文化里，人会感觉自己的意见有人关注、自己能够对决策产生影响，这些感受能给人带来巨大的参与感和满足感。我们能体验到这是一种灵活的、富有创造力的、能对外部挑战和机遇做出及时反应的组织文化。我们的同事安东尼在从事乌干达战略方面的工作时就接触到一种发展成熟的对话式义化，在那之中，所有团队都能畅所欲言，也会倾听彼此的意见观点。

但从另一方面来说，对话式文化也可能发展得流于形式、鲜于成果：整个团队变成"空谈俱乐部"，人们被迫坐在那里听每个人发言。我们会发现，自己总倾向于避免以一种看上去不是绝对平等的方式行使权力。

在对话式文化中想做到有效表达，意味着你得对别人的观点和差异表现出尊重。具体点说，我们要对自己说的话负责，同时也要对别人的意见表现出开放的态度，因为我们很清楚，并没有所谓的正解或者是唯一解。同时，注意不要把自己聊嗨了，然后抢占别人的发言空间（如果我们手握权力时，这点尤其需要注意）。最后，技巧很重要。有技巧地表达来促成最终结论的确定，以及有技巧地采取行动，不要让别人觉得你在独断专行、掌控一切。

同样地，好的倾听意味着通过巧妙地询问来帮助和促进不同观点的交流分享。我们得掌控节奏，知道什么时候倾听环节该告一段落，我们得开始做决定了。如果能做到这些，与其他类型的文化比起来，对话式文化里的每一次表达和倾听之间的联系都要更加紧密。我们会发现自己在认同与询问之间来回转换。

以对话式文化来审视你的工作环境：

1.比起对人侃侃而谈，高层领导们是否对听人说话更感兴趣？

2.做决定之前是否经历了广泛讨论和深刻思考？

3.你是否花了很多时间在交流上，确保每个人都有机会说出他们关于"什么事该做以及为什么"的看法？

4.人们是否能掌握足够多的信息来对谈话做出贡献？

5.你要怎么做才能让自己对这些谈话产生更大的影响？

驾驭你所处的政治环境

许多受访者都建议我们仔细评估和考量自己所处的政治环境，以便达到更有效率的表达和倾听。如下是一些可行性建议：

☆ 用比喻描绘权力的样子（比如借助电影或者科幻小说）。

☆ 人们参与的"游戏"例子。

☆ 换位思考的方法。

☆ 真相—权力的文化框架。

其他的建议还有：

☆ **观察榜样**：有些人能游刃有余地让政治框架为己所用（同时又不惹人讨厌）。他们是如何做到好好说话和倾听的？这个问题的答案或许能对你有所帮助，你能试试吗？

☆ **指出"房间里的大象"**：政治往往因为它的变幻莫测让人不自觉地讳莫如深，这种态度反过来又助长了它的发展。游戏规则是不成文的，人们也不太会去过多地谈论。但如果人们能大胆谈论、明确规定，某些严苛的规则就会失去它们的效力。

梅根回忆起与一大群医疗相关人员工作的经历。这群人有着各种各样的头衔，例如女爵士、阁下、爵士、顾问、医生和学生。很显然，这群人等级分明，而且还由此产生了大大小小很多问题，但他们的谈话却总围绕着合作和包容。通过巧妙地运用她的"英式调侃"，梅根试着解释了我们给自己和其他人贴上的标签是怎么对谈话产生影响的，那些沉默和排斥从何而来。她说："当然，我们都知道这根本就不是问题，对吗？"幸运的是，梅根幽默的发言破冰成功，最终促成了一场热烈的医疗行业的讨论。人们冲破了所谓特权和等级的桎梏，为了能给患者提供最好的医疗服务这个目标而畅所欲言、通力合作。

☆ **为了政治成功，你还得社交上出彩**：这是指你知道别人是怎么看你的，也就是"他人意识"。我们眼中的自己和别人眼中的我们并不相同，甚至可能天差地别。我们或许需要一个教练或者指导的帮助，才能更好地了解自己的地位、行为和人际关系会怎么影响别人对我们政治权力的看法。

☆ **培养批判的能力**：关键不在"批"，而在"判"。这种能力对生活在政治环境中来说无比重要。我们需要自我审视的能力：为什么我要用这种方式对这个人说这些话？我对自己的目标和选择的行为方式感到自豪吗？同时，我们也需要对所见所闻的"真实"保持质疑的能力，比如"我为什么会得到这个信息？"。

最重要的是，最好在他人陪同下探索你的政治环境。盟友和同伴能成为你的社会安全网并降低你的焦虑感。想想你的关系网中有哪些人，你需要的人有哪些，心里有数之后你才能继续更好地磨炼自己的表达能力和倾听技巧。

核心要点

☆ 你的工作环境充满政治规则——你不玩它，它就会玩你。

☆ 你的工作环境存在游戏规则，而它往往受政治文化加持，进而影响到你的一言一行。

☆ 要在理解政治规则的情况下好好说话，你需要知道谁都有什么样的权力和影响力，然后还要了解他们手头的议程和心里的优先级是什么。

☆ 要在理解政治规则的情况下有效倾听，你需要准确判断，别人什么时候在说那些他们认为你想听到的话；当别人对你说话是想要借你的口传达给其他人信息的时候，你也要能反应过来。

☆ 关于什么能聊（或者该听）什么不能聊（不该听），职场往往有些不成文的规定。

☆ 有些情况下你很可能会面临错误解读政治规则的风险，比如你新进入一家公司，或者是你所在的机构正在经历结构性调整。

☆ 真相—权力框架描绘了四种政治文化：指令式、赋权式、裁决式和对话式。通过与自身情况的比对和审视，你能对所处职场中的表达和倾听有更深一层的了解。

可以试试：成为一个因政治规则而被迫沉默的人坚实且强大的盟友。

引用出处

1.Oshry, Barry (2007) *Seeing Systems*, by Barry Oshry 2007, Berrett-Koehler Publishers.

2.https://www.youtube.com/watch?v=ZIwz1KlKXP4&t=1738s.

3.Smith, Kenwyn K. and Berg, David, N. (1987) *In Human Relations*, October, 40 (10), 633-657.

第五章
头衔：它们如何给予以及收回权威感

Chapter Five

SPEAK UP
沟 通 博 弈

头衔

终此一生，我们都要与头衔相伴。有些是我们为自己选择的，有些是随着我们从事的工作、所处的人生阶段来的，也有一些是别人给我们安上的。在本章里，你可以边阅读边思考：为什么你会不得不给自己和别人安上各种各样的头衔和标签，还要给人分类。你将发现：这件事是怎样从根本上影响到你对自己的感受，例如自己是否有发言的地位和权力，以及自己的话是否值得别人倾听。

作为人类，我们总会不停地给出各种头衔和标签，比如首席执行官、女性、亚洲人、顾问、收银员、内向的人、长者等。这些头衔和标签展示着不同程度的地位和权威，具体则取决于我们自身所处的背景环境。对这些地位和权力的认知又会极大地影响我们的言行——该不该说，该听谁的。

你将会学到：

☆ 你为什么会不可避免地要给自己和别人贴标签，你是怎么贴的，你是否意识到自己在"贴标签"。

☆ 文化、历史、专业学科等一系列的背景因素是怎么对头衔和标签的意义以及后果产生影响的。

☆ 标签很好用，是因为它能帮助我们了解别人属于哪个阵营，以及跟他们打交道最好的方式是什么。

☆ 你给自己和别人贴了什么样的标签，它们是如何影响你的选择的：怎么说话，该向谁说。

☆ 你给自己和别人贴的标签如何影响你的选择：你听谁的。

☆ 为什么处理好我们给别人贴的标签和别人给我们贴的标签都非常困难，它揭示了人们心中关于"谁更有权力"和"什么东西更重要"的偏见和设想。

你很可能发现，自己会不自觉地仅凭别人的长相或声音就对别人做出很不公平或者是很盲目的评价。

仅仅由于我们不对某些人有偏见，比如，我们强烈地反对歧视，想要看到对方的优点并跟他们相处，这也并不意味着我们看别人的眼光是公平且平等的。我们无意中总犯这样的毛病，但越早意识到，我们就能越早处理这种难以避免的毛病所带来的负面影响，也能尽早提升自己的表达能力和倾听能力。

想创造一种真正（而不是假装的）能畅所欲言的文化，很重要的一点就是找到一种能谈论和把握头衔以及相关评价体系的方法。

头衔，头衔，更多的头衔

如果能停下来想一想，我们才会意识到在日常交际中我们究竟使用了多少头衔、标签和其他分类方式。

设想一下：你坐在火车上，环顾整节车厢。在不到一秒的时间里你就能给每个人以至少五种不同的分类方式贴上标签，例如性别、年龄、种族、体重和身高。在这些分类基础上，你还可以轻松叠加一些其他的分类，像是职业、社会阶层和宗教信仰等——基于对方的穿着打扮得来的推测。贴标签这件事发生的速度之快是你难以想象的，这往往也是我们在信息有限的情况下了解陌生人的方式。[1]

再者，如果我们参加一个职场团队的第一次会议，我们不仅会从上面提到的那些种类给人贴标签，还会增加类似销售、技术、主管、菜鸟或老手等标签，争取让团队成员的形象更加丰富和立体。很多团队会采用迈尔斯-布里格斯性格分类法（MBTI）或者其他心理测试方法，好给那些标签少、记忆点不足的人增加点标签。具体来说，如果在初次见面的时候对方讲话又大声又啰唆，我们很可能会给他们贴上外向的标签（虽然正确性存疑）。这是因为我们忽略了一种可能：对方在第一次见面时这样表现也许是因为紧张和焦虑，说不定，实际上他们是那种需要在别人的引导下才能够表达自我的人。

当然，在我们给别人贴标签的时候，别人也在忙着给我们贴标签。

　　我们偶尔会意识到这件事，也可能会试着去影响和改变它。比如我们会凸显，也就是专门挑出一些我们认为能给人留下好印象的关键词和标签来展示。

　　苏是一名护士，她参加了梅根举办的一场会议。她给梅根讲述了这样一段经历：在某次会议中，一个新成员用了不下八个标签来介绍自己，包括他的学术背景、专业方向和在组织里的地位。很显然，他认为这样能提升自己在这里的形象和地位。或许确实有点用吧，不过苏只觉得这样有点搞笑。

　　我们倾向于在介绍时提到正式的工作头衔、曾合作过的组织名等，以此展示自己有多么经验丰富，以及在"不经意间"透露自己社交广泛。

　　"展示自己的标签"可能是有意为之，但"贴上什么样的标签"很可能是无意识行为。标签虽然能帮我们快速形成观点，但如果它变成了刻板印象（对某个群体真实或不真实的性格描述），可能会造成相当的反效果。

　　所以说回来，我们究竟为什么要这么做？

"相同"里的安全感

　　为什么我们离不开标签，最常见的解释是，这与演变进化有关。我们的祖先生活在同一种族的小团体里，他们面临的是来自其他团体的、持续性的威胁。想活命就必须得学会快速分辨出对方是敌是友，以及与"非我族类"的人保持距离。

然而，这种与人相处的方式恰好是现代职场中的大忌。"多样性"对工作结果、创新、满足客户需求、提出新的工作方式和做出重大决策都有积极影响。不仅如此，在很多地方，关于性别、年龄、性取向或者种族的歧视都是非法的。归结到底，现如今，多样性和包容性自然也成了许多工作场所大力推崇的趋势。

但是，我们不应该或者不想歧视，不代表我们真的不歧视。着手探索我们在工作场所的歧视行为对很多人来说就像一个法律雷区，因为这意味着让他们承认自己有些行为是不应该再继续下去的。深挖脑中种种理所当然的假设——关于我们在工作中究竟做了些什么（而不是认同了什么），也需要我们放慢脚步，观察那些被一贯匆忙行事的自己忽略了的东西。慢下来反思在工作场合并不常见，毕竟职场中，人们对速度的重要性有着毋庸置疑的信仰，速度甚至被职场当作冰箱贴来使用，提醒自己"喝咖啡——然后快点干活！再快点！"。

我不歧视

我们与来自退休社区的工作人员一起合作过，他们希望能改善相互尊重和彼此关联的方式。当聊到给彼此的头衔和标签时，他们显得非常生气，并且坚决表示他们不可能有偏见。歧视人是非法的，他们怎么会做这种事呢。

在调查中，我们询问受访者关于性别、年龄、工作职位和种族的社会偏见对他们倾听方式的影响有多大。这个问题你会怎么回答呢？像我们所提到的，一个受访者认为被问到这个问题本身就已经让人感觉被冒犯了。

一个人的性别会影响你倾听的方式吗？如果你的回答是肯定的，那么，它的影响频率如何？几乎不被影响？有时？经常？如果换成年龄呢？工作职位可能会影响你对一个人的判断，这会不会进而影响到你的倾听方式呢？

承认某些偏见的存在可能是一件很难、很有挑战的事。我们发现，91%左右的受访者确信自己并不会因为性别差异而改变自己倾听的方式，关键词换成"种族"后得到的数据也差不多。

受访者们更愿意承认自己会受工作职位和年龄的影响，但就算是这两个关键词，认为自己没有被影响的还是占了很大比重：分别有62%和78%的人认为自己几乎不会或者说很少会受其影响。

可能在"做出中立的判断"这件事情上，我们的受访者要比其他人的能力更强。但更可能的是，受访者发自内心地（但错误地）相信自己掌控了自己的判断。也许就像那些退休社区的工作人员一样，他们单纯就是不想承认（哪怕这只是一次匿名调查）自己可能会受到社会偏见的影响而做出歧视行为。

马文

最近，梅根在一家大型制药公司组织了一项调查。很显然，公司里100%的受访者都认为自己倾听的方式不会受到对方种族的影响。当梅根把调查结果展示在大屏幕上时，马文——观众中唯一的黑人经理，用手抱住了自己的头。"让我给大家提供一个新的视角"，他说，然后开始解释自己在工作中不停遭受着的、那些微妙但恶意满满的偏见。

我们都倾向于认为自己是一个道德正直、品行端正的人，而且也坚信自己是自己思维的主宰，能做到客观公正。但就像哈佛大学的研究员马扎林·巴纳吉指出的那样，关于这个问题，"二十多年的研究证明，事实上，绝大多数人远远达不到他们以为的自我认知"[2]。现在，大多数心理学家都认同：人类在做出许多判断和决策时都没有经过有意识的思考。

可我支持平权呀

你可能听说过IAT，也就是巴纳吉和格林沃尔德开发的内隐联想测验。[3]IAT测验能展示出人们不愿意或者无法表达隐性态度和信念。同时它还能衡量不同分类间的联系，尤其是明确这些分类在人们看来是更偏于好的，还是坏的——用心理学的话来说，是更积极还是更消极。

在著作《盲点》中，有这样一个故事：

2005年1月，《华盛顿邮报》的记者尚卡尔·韦丹塔姆写了一篇关于我们研究的报道。他采访的人中有一位争取同性恋权利的活跃分子。不出所料，对方在采访中表达了坚决支持同性恋者的态度。韦丹塔姆随即邀请她做一个IAT测试，看看她对同性恋群体和异性恋群体的无意识偏好。测试结果让这个测试者本人大吃一惊。IAT结果显示，她内心中"同性恋=不好"的联想甚至要强于"同性恋=好"的联想。明明是同一个人，却装着两种截然不同的偏好——一种是她思索后得出的结论，另一种则是她内心的无意识联想。[4]

我们可以全心（全意）地相信一件事，但我们也得承认，有些时候脑袋确实会被生活所支配。笑话、故事、大大小小的新闻、图片、幻想、电影、日常言论以及我们喜欢的明星都会不停地为我们提供资讯。许多人都会在这种环境的熏陶下发展出一些自动的、无意识的联想，比如黑人与攻击性，男性与事业，女性与家庭，亚洲人与擅长数学，非裔美国人与体育事业上的成功，肥胖与蠢笨，等等。我们日常言行中可能裹挟着一些微妙的信息，像是"全职爸爸"或"白领妈妈"，而我们对此毫无察觉（"全职妈妈"和"白领爸爸"的意象就过于平常，甚至不会出现在我们的常用词库里）。

你给同事贴的一众标签，有些是你特意贴的，有些可能是无意识的行为，你也不太可能了解这些标签在你心里是更偏向于带着积极意义还是消极意义。

也就是说，你或许跟与我们合作过的很多人一样，并不了解这种"分类过程"会对你的表达和言行产生怎样的影响。

你有优势盲点吗？

所处的环境不同，我们给自己和别人的标签代表的地位和权威等级也会不同。

我们的同事本·富克斯将一位退休的大型英国企业的首席执行官讲给他的故事写了下来。[5]这位首席执行官参加过一个活动，活动的目的是强调头衔和标签能在企业里为他们带来多大的职场优势。他们列举出的标签包括国籍、性别、教育程度（尤其要讲清楚是什么大学）、年龄和婚姻状况。

1.你的工作环境里哪些标签有价值？

2.你的列表里有哪些标签？

主持人让大家肩并肩一排站好，然后用"标签列表"进行对照。每符合一条就往前迈一步，表示"拥有"这个标签给他们带来了优势。本回忆说："最后，首席执行官一个人遥遥领先于整个团队，列表上的每个标签都让他往前走了一步。"

1.你的工作环境中有哪些有价值的标签你是可以拥有的？

2.与其他人相比，你能往前走多少步？

以这种方式感觉到自己的显著优势，给这位首席执行官带来了什么样的触动呢？本引用了对方的话："一直以来，我以为自己的成功源于许多努力和一点天赋。现在我才意识到，我还拥有能帮我成为人生赢家的一切优势。"

梅根

拥有错误的头衔会有怎样的影响呢？梅根回忆起自己二十多岁时作为管理顾问的工作经历。当时，她接到的工作任务是先分析，然后在咨询公司客户的董事会上给出陈述报告。在一次年度绩效评估中，梅根的主管对她说："问题在于，梅根，当你推开他们会议室大门的时候，客户们会给你贴上年轻的、女性这种标签。"她知道自己有时甚至会被当作"黄毛丫头"对待。主管没有因为这些她无法改变的事情而责怪她，但梅根明白，主管的意思是她的年龄和性别摆在这里，带来的困难也是难以忽略的事实，她需要更加努力才能赢得别人的重视。这与梅根的经历也相符，她好多年都维持着"眼镜+丝巾"的造型，让自己看上去更成熟（现在这些都不需要了）。

在某些情境下，"年轻"和"女性"的标签或许意味着地位和权力。可具体有哪些情境呢？遗憾的是，我们能想到的并不多。不过，我们在这里讨论的重点是：标签的意义取决于所处的

场景。"主管"在某个机构里可能意味着极大的权力和权威,被冠以这个头衔的人或许手握决定权、不容被质疑或挑战。可是,在另外的机构里,这个头衔或许无足轻重。"年轻"在一家公司里或许会和"缺乏经验、地位等级低"画等号,但在科技创业公司里,年轻可能意味着更高的悟性和更多的创意。

我们通常能意识到自己身上有着错的标签。可是,想知道自己身上有没有对的标签就困难很多。如果属于"圈内"多数派,那我们或许就很难意识到"圈外"少数派面临着怎样的挑战。我们的同事本称之为"优势盲点"[6]。

但头衔也能带来不少好处

目前为止,我们谈到了头衔以及我们给别人冠上头衔的习惯,后者是一种无法避免的、大多数情况下略显消极的过程,但它也有可能给我们提供一些便利和帮助。

头衔能让别人知道我们从哪里来、做什么样的工作以及该对我们产生一些怎样的预期。想想前文里提到的那个拥有八个头衔的男士,他或许是在展示自我,但同时这也意味着他在尽可能地向别人展示他所处的环境和世界,其他人也能知道如何才能跟他更好地相处。

约翰一直在跟踪记录一项有关心理健康和正义的重大研究。[7]这个项目将神经科学的物理科学传统领域专家和包含人类学、社会学和法学等其他"真理学科"的研究者们汇聚在一起。此外,还有来自健康相关从业者（他们为有精神健康问题的人们提供服务）以及与患者一起生活的人的观点。合作的内容包括明确人们在工作时所持有的头衔，帮助人们分辨什么时候面对的是不同的设想，什么时候是证据和真相。

同样的话由头衔不同的人说出来，意思就会大不相同。

有一个关于资深律师在庭上发生的故事。这位博学而老练的律师在法庭上直接杠上了法官，并且表示他提的建议"不公正"。这件事让约翰简直大吃一惊；在他看来，这简直是一句孩子气十足的抱怨。后来，律师给出了解释，在法律专业语境下，"不公正"是非常严肃的主张，并不是一句张口就能说的话。正义既必须是公正的，也要让人看到其公正性。

如果我们不知道一个人的头衔，我们可能很难理解他们说的话以及说这些话的原因。

带上和摘掉我们的头衔

罗文·威廉姆斯

当梅根采访2002—2012年的坎特伯雷大主教罗文·威廉姆斯时，她发现他本人跟他的公众形象非常相符。他对加在身上的头衔显得游刃有余，面对身居高位或者曾经身居高位的人也能不卑不亢。一位与约翰交谈过的教区牧师随后告诉我们，罗文大主教去位于伦敦郊区的教区参加礼拜的情况：大主教搭地铁出行，带着自己的三明治，还会在礼拜结束后的交谈中真心实意地关心成员们的生活。

　　然而在采访中，罗文·威廉姆斯却讲了这样一个故事：有一次，他必须证明英国教会对罗马教会对待某些神职人员的方式感到不满。红衣主教（教皇的高级代表）被召至兰贝斯官，罗文·威廉姆斯（当时的大主教）身着全套正式服装，在官殿中最古老、最令人印象深刻的地方与红衣主教会面。他的意图是要表明自己在以这个头衔和其所代表的历史承载全权发言，而他们要谈论的是一个非常严肃且无比重要的问题。

　　在更日常的层面上，一位全球青年慈善机构的首席执行官谈到了自己和一位初级员工打交道的经历。这位员工（是我的朋友）在某个非正式场合抱怨了几句自己受到的歧视。首席执行官以朋友的身份就"接下来该做什么"给出了一些非正式的建议。她补充道，如果这些都不管用，对方还是觉得受到了歧视，或者说如果对方觉得这些建议都是不合适的，那她将会以"首席执行官"的身份来干预和处理这件事。这位首席执行官的一系列反应也证实了她要动用正式身份就需要先通过相关的正式程序。她试图在知心密友和首席执行官（以及与这个头衔相伴而来的职场职责）这两个头衔中寻找一条最合适的路来解决这个问题。

　　在军队里有这样一种正式协议：他们把自己的军衔徽章取下来放在一边的时候，意味着接下来的谈话不受这些头衔影响。谈话结束时再戴上，表示正式权威命令都重新生效。在某亚洲银行的首席执行官认证了一个坊间传闻：正式批准的酒会上，人们会把头衔放在一边；这里说的话，全部都留在这里（待不到第二天）。

你有没有发现，其实在职场中你需要应对"记录在案"的谈话和"不留记录"的谈话。想做到游刃有余地随意切换，你就得明白头衔可能带来的陷阱，同时还要知道什么时候该使用头衔，什么时候该把它放到一边；这些行为往往能反过来指引你该怎样表达和倾听。

对你的表达方式来说，意味着什么？

选择发表意见或者保持沉默时，我们或许有意识地（至少肯定是在无意识中）将自己和别人的标签进行了连接和分析。我们会权衡这些标签，并以此判断自己在情境里的位置：相对强势还是相对弱势。相应地，结论也会影响我们的态度，更有自信还是开始自我怀疑，进而对"说不说"产生连锁反应。

尼基和瑞秋

通过与某食品零售机构的董事会合作，我们得到了这方面的一手资料。

人力资源主管尼基对两个头衔尤其关注。第一，她是董事会中唯一的女性。第二，"人力资源"在机构里似乎是个无足轻重的部门；人们觉得人力资源就是"养老的闲散人士""隐形的""行政管理"，而真正干活的是运营和产品团队。尼基很清楚，作为女性人力资源主管，她得更努力地工作才能让别人听到自己的声音。久而久之，董事会的看法确实发生了变化。但对尼基本人来说，要改变这种根深蒂固的负面观念、建立对自己的信心、找到自己的声音，或许需要更多的时间。

但在另一家与我们合作的科技公司里，情况就完全不同了。董事会做到了性别平等，而人力资源主管瑞秋则被称为"首席人力资源官"。公司的战略完全仰赖于挖掘人才和留住人才，而在制定和调整公司战略方面，瑞秋被认为起到了举足轻重的作用。她身上还带着硅谷前雇主的标签，这也让她得到了所有人的钦佩。瑞秋深知自己的观点有分量，也愿意畅所欲言。

1.你给自己什么样的头衔和标签？

2.你给了跟自己在工作上有很多交集的人什么样的头衔和标签？

3.在相对地位和权威方面，这些标签传递了怎样的信息？

4.同样的标签在不同的情境下会传递不同的信息吗？比如，在不同的工作小组中，你的头衔保持不变，但对你（以及在你的想象中，对其他人来说）的意义是否会有变化？

我们的研究表明，关于表达，头衔可能带来的四种影响你需要特别注意。有些看上去或许有点眼熟，因为在前文中已经提到过了：

☆ **触发冒名顶替综合征**：我们看待和处理这些头衔和标签的方式是触发冒名顶替综合征的关键原因之一。我们认为自己就是一个菜鸟/平平无奇的中层经理/后勤办公室打杂的。通过把自己的位置做低（同时把别人的位置相对做高），我们会说服自己：我们的意见不重要或者没人会听。有时，标签会带着更加根深蒂固的印象，或者表达得非常含蓄："我是个女人，所以事业永远要为家庭让步""我是个黑人，所以他们和我待在一起永远不会觉得舒服（我跟他们待在一起也是）"，或者"我老了，脑袋也不灵光了"。

要确保自己不会受冒名顶替综合征的影响，我们就要认清自己身上的标签和假设，并对它们提出质疑。

回忆一次犯了冒名顶替综合征的经历。当时你给了自己和别人什么样的头衔和标签？产生了什么样的后果？

☆ **轻视他人或者剥夺他人的说话权利**：与冒名顶替综合征的情况相反，如果给自己贴上高位标签，给周围的人贴上低位标签，我们就可能会喋喋不休地说太多。通常情况下，我们都是在无意中轻视了别人。只要稍微留心就能发现，我们脑子里会有这样的想法："哦，他们也没什么要补充的"，或者是，"哎，我是全场懂最多的人"，或者我们会有一些这样的情绪和感觉——别人一开口就心里烦，或者是对自己极度自信甚至傲慢。

1.在职场中，什么情况下你会对自己的发言感到自信？

2.获得自信的过程中，头衔和标签起到了什么样的作用？

☆ **错误地信任或怀疑他人**：根据我们给别人贴标签的方式，可能会出现我们最终没能挑战或者错误地挑战别人的情况。无论哪种情况都会导致糟糕决策的出现，甚至是悲剧的发生。就像飞机失事一样，如果我们过于相信"老手"们，就可能会对某些错误缄口不言，最终导致事故发生，人命伤亡。相反，如果有人无意识地让我们想起自己过去不信任的某些人，而我们会因此开始不相信眼前这个人，又很可能导致忽略他们的发言，最终做出错误的决定。曾与我们合作过的一位男性高层发现，他自己对新同事——一位更年长、体格更健壮、声音更洪亮的男性——产生了很强的戒心和警惕，而这部分是因为对方让他想起了跟自己关系不好的父亲。

1.工作中你信任谁？不信任谁？

2.仔细分辨一下，这些想法有多少来源于确实的证据，多少来源于你给他们贴的标签？

☆ 你得接受，有时候，你需要保持沉默。

罗文·威廉姆斯

担任坎特伯雷大主教时，罗文·威廉姆斯发现自己面临一个巨大的表达挑战。他去到津巴布韦，向当时的总统罗伯特·穆加贝提交了一份侵犯英国圣公会教徒人权的卷宗。在接受梅根的采访时他说，自己一定会被穆加贝贴上可怕的"殖民主义者"标签，对此，他心里有数。穆加贝是绝不会对殖民主义者提出的任何人权问题上的挑战点头的。因此，罗文·威廉姆斯说，他特意让来自南非的大主教塔博·马克戈巴进言："穆加贝总统，你以基督徒自居，那你现在做的这些又算什么呢？"

有哪些时候，别人给你贴的标签（哪怕你并不认同）代表你不适合发言？有哪些时候，你可能反而需要支持别人去发表意见？

这对你的倾听方式来说意味着什么？

给自己和别人分类的过程不仅会自然地影响我们决定是开口还是闭嘴，还会影响这个问题的答案：我们寻求和听取谁的意见？在我们的调查研究中，标签带来的五大后果你需要注意：

☆ **帮助我们的"圈内人"**：如果我们没有意识到自己给某些头衔和标签附加的积极意义，我们很可能最终会在有意无意间区别对待我们的圈内人。具体来说，我们就不太会以任何公开的方式（当众顶撞或是表达敌意）表达自己的异议，相反，我们会更偏向于这些和自己相像的人。

缺少对"圈外人"的帮助，后果同样可能很严重。巴纳吉和格林沃尔德解释说，他们的研究显示，"偏爱'圈内人'可能是导致美国黑人和其他弱势群体所经历的相对劣势的最大因素"[8]。这种形式的歧视往往很隐蔽，它包括：寻求圈内人的意见，邀请他们参与活动，让他们以更快的速度获得晋升以及帮助他们拓宽人际交往圈。作为圈内的一员，我们往往意识不到自己因为这个身份获得了多少好处（就像前文中提到的"优势盲点"一样）。

校友社交圈就能很好地体现圈内人身份带来的好处。"'好兄弟'关系网"能给其中的成员带来的好处是显而易见的。

1.你什么时候会去找一些跟你很像的人寻求意见？

2.在什么情况下，听取与你差别很大的人的意见会让你觉得犹豫？

☆ **固守我们的"小清单"**：结合"圈内"带来的偏好，通过给别人贴上"和我们很像"的标签，我们就会变得只向同一类人或是群体寻求意见。之前提到过有一位首席执行官认为"每个人的意见都有价值"，但同时他也说"我确实有自己的'合适/不合适'清单"；他正是依据这个小清单来判断谁的意见有价值，谁的没有。

当我们询问受访者，他们会不会跟与自己很像的人寻求建议时，62%的受访者表示自己经常或者总是这么做。如果你是个忙得不可开交的经理，根本没时间和那些可能不具备所需专业知识或者理解力的人打交道，那向与自己很像的人寻求建议或许还是个有用的方法。

1.你倾向于向同一类人或是群体寻求意见吗？

2.你的选择和筛选方式有没有可能抹杀了一些其他的声音？

3.对你和被你排除在外的人来说，可能会有什么样的消极后果？

☆ **容易被"真相感"影响**：美国喜剧演员斯蒂芬·科尔伯特生造了一个词叫"真相感"，用来形容我们更倾向于接受那些我们愿意相信的想法和观点，甚至不去确认证明其真伪的相关证据。这个概念最近沿用至美国和英国的政治辩论的场景中，用来描述假新闻的作用以及大肆宣发对民众接受度的影响。

如果我们给信息源贴上了"好"或者"对"的标签，那我们就更可能会相信其中包含的"真相感"。随着时间的推移，苏格兰皇家银行的首席执行官弗雷德·古德温变得位高权重，不可挑战。太多人想要相信他关于集团财务业绩所给出的真相，即使他的运营模式已经早就与"对银行和部门有利"背道而驰。[9]本书中提到的每一桩丑闻几乎都有这么一个相同点：人们都愿意相信他们听到的东西，而且唱反调、把事情搞黄对任何人都没好处。

因此，好的倾听也要求我们有辨别能力。如果我们开始对别人说的话照单全收，脑子里还不能产生任何问题，那就要注意和警惕了。

你会不假思索地相信谁的意见？

☆ **好人和伟人的发言"膨胀化"**：如果一个位高权重的人说了什么有意思的话，人们往往会把它夸大成"金口良言，我们要赶紧学起来"，仅仅是因为我们崇拜这个观点。而当人们听到"我并不认为……"，又会把它理解成"这想法烂透了，多想一秒都是浪费时间"。我们称这种现象为"头衔膨胀"，也就是某些人的发言会因为他们身上的头衔而"膨胀"：话语的影响被放大，并且被赋予了更多的含义。

1.谁的发言在你心里被"膨胀化"了？
2.谁可能"膨胀化"你的发言？

☆ **认同（或沉默）等于我们是正确的：** 好的倾听意味着我们不能只看表象并且满足于表象。别人不质疑我们不等于别人就是同意我们。我们要意识到自己身上的头衔可能会让我们居于上位、手握大权，别人或许会因此不敢开口。

当《纽约时报》[10]抨击亚马逊库房的"暴力文化"时，亚马逊首席执行官杰夫·贝索斯在给员工的一份备忘录里回应称，那篇文章"描述的并不是我了解的亚马逊"。然而，作为公司的首席执行官，哪怕是竭尽所能，他也不可能对公司的每件事都了如指掌。他不知道不代表问题就不存在。

1.如果你有个很了不起的头衔，你会提出一些怎样的问题来帮助自己得到有价值的意见反馈？

2.你会做些什么让别人能安全地来挑战你？

一位与我们合作的高管给出了一个可供参考的提问方式："关于那些我应该知道却没人告诉我的事，你知道多少？"

你该做些什么呢？

想减少给自己和别人贴标签所带来的负面影响，可以试试这些办法：

☆ **意识到自己在贴标签**：通过培养正念来做评判时，要注意这些判断带来的后果；"发现自己在评判"比"做评判"要更难。

☆ **了解别人给你的头衔，学会与它们相处**：如果头衔带来了更高的地位，更大的威严感，以至于让你面对更多的挑战，那么你可以试着主动缩短自己跟别人之间的权力距离，让别人不至于看着你就紧张。

巴纳吉和格林沃尔德讲了一个非常感人的例子。美国记者布伦特·斯台普斯发现别人给他贴上了"黑人大高个"的标签，搞得他好像很不好惹的样子。他想了个办法：做街头艺人，演奏古典音乐里大家比较熟悉的片段给路人听，好给自己打造另一个形象——无害的好人。

如果头衔带来的是更低的地位，你或许得去找些盟友，确认自己的身份，然后在政治环境中更加谨慎小心。

☆ **在某些决策制定过程中摘掉社会标签**：例如招聘和晋升就是两个典型场景。1970年，美国五大顶尖乐团里只有不到5%的成员是女性。如今已超过了30%。某种程度上，人数增加是因为演奏者的评选方式发生了变化——盲听盲选机制被采用。音乐家们在幕后演奏，评审不知其性别，也就避免了因为对方的女性身份而在无意识中给出负面评价的风险。这样的盲选机制得到了进一步完善：现在，音乐家们走进房间要先脱鞋，因为有跟的鞋走路发出的声响也可能暴露性别信息。

我们需要考虑如何在某些工作流程中设置一些"屏风"，例如在求职和申请补助金、资金时做到匿名化，或者不以性别和种族作为筛选条件。[11]

你所处的职场环境有没有公布少数民族获得晋升或工作机会的百分比，因此揭露出偏见的存在？为减少由头衔和标签导致的无意识偏见的影响，你们已经采取了或者可以采取什么样的措施？

☆ **多接触正面榜样**：有点麻烦的是，光是意识到自己有隐性偏见还不能消除它们，这些观念根深蒂固。这就意味着，如果想要改变自己对某些头衔的看法，我们得去寻找证据（去支持那些新看法），并且在一段时间内主动巩固新看法。巴纳吉和格林沃尔德证明，做决定之前即使是很小的干预也能产生影响。举个例子，一项实验中，受测试人员看了10张伟大的美国黑人和10张臭名昭著的美国白人的照片，最后这些人心里"白人=好人"的关联看法被削弱了。[12]然而，这种变化是"有弹性的"，也就是说，除非继续巩固加强，我们的认知可能会退回原样。

在工作场合里，如果有来自少数群体的人能跻身高位、担任要职，那会是一个很有说服力的证据。比如，公司董事会中有女性成员，员工脑海中"女性=领导者"的关联看法就能逐步建立起来。

☆ **接纳头衔和标签的积极影响**：留心观察哪些头衔能让人更好地了解你。在梅根的故事里，那个拥有八个头衔的人，如果能停下来仔细挖掘其中的一到两个头衔，那在快速接触的过程中，他或许能给人留下更深的印象。

核心要点

☆ 冠头衔、贴标签是生活中人人都会做的事，这也会极大地影响我们的判断：该对谁说，该听谁说。

☆ 如果使用得当，头衔能让人明白一个人是什么来头，以及他们可能会把什么当真。

☆ 意识到自己给人贴标签是一件让人不太舒服的事，毕竟这代表着我们看待自己同胞的方式或许是有问题的。然而，我们也很难摆脱无数社交线索——故事、笑话、语言、图像——的影响，并且以此为基础在无意识中形成偏见。

☆ 头衔可以很好地帮我们区分私人谈话和职场谈话，以及正式谈话和非正式谈话等。

☆ 想要在与更广泛的社会各圈层的接触中做到游刃有余，至关重要的第一步就是要意识到自己是如何给自己和他人贴标签的，以及这个更广泛的社会各圈层有着怎样的知识和规则。

☆ 无意识的偏见行为会一直伴随着你。你能做的就是采纳剧作家塞缪尔·贝克特的建议，"在失败中吸取教训，不断修正"。

☆ 榜样能帮我们建立新的关联看法，例如女性=领导者，同时还能帮我们改变无意识偏见行为。

可以试试：跟你的团队一起研究一下"什么头衔有价值"——谁说的话有分量的社会规则——然后一起思考你们该怎么应对这些。

引用出处

1.See the excellent book：Banaji、M. and Greenwald、A. (2013) *Blindspot: Hidden Biases of Good People*. Random House.

2.https://hbr.org/2003/12/how-unethical-are-you.

3.https://implicit.harvard.edu/implicit/.

4.*Blindspot*, p. 56.

5.https://www.linkedin.com/pulse/can-we-talk-power-ben-fuchs/.

6.https://hbr.org/2018/04/do-you-have-advantage-blindness.

7.Wellcome Trust - see https://www.mhj.org.uk.

8.*Blindspot*, p. 162.

9.For more on this read: Iain Martin (2014) '*Fred*

Goodwin, RBS and The Men Who Blew up the British economy',
Simon & Schuster UK.

10.https://www.nytimes.com/2015/08/16/technology/
inside-amazon-wrestling-big-ideas-in-a-bruisingworkplace.
html.

11.https://www.theguardian.com/women-in-leadership/
2013/oct/14/blind-auditions-orchestras-gender-bias.

12.*Blindspot*, p. 152.

第六章

行动：怎样才能做到巧妙地表达和倾听

Chapter Six

SPEAK UP
沟 通 博 弈

行动

本章中，我们将帮助你策划一个活动，为你和你所在的企业创造出更好的表达和倾听文化；关于怎么选、怎么做才能达到更有效的表达和倾听，我们也给出了实用性建议。简言之，这是你在下一次以及今后交流中都能用到的技巧和策略。

你将会学到：

☆ 把表达和倾听当成一支交谊舞，它不是一个人的表演。

☆ 关于有效表达和倾听的实用性技巧，你要问自己的几个问题和需要当心的陷阱。

☆ 培养正念注意力和意识，增强自己知道该做什么、什么时候做和怎么做的能力。

☆ 怎样搭建职场中的心理安全，从而促进表达和倾听文化的发展。

　　我们通常会先确认表达的五个"W"（原因、人物、内容、地点和时间），然后拟成一张清单来评估该怎么行动。清单上还会列出注意事项，提醒自己不要掉到坑里。倾听的过程也是一样的。

　　清单确实是一种很有用的工具，但如果你的注意力、意识力和洞察力不够，清单的效果可能会大打折扣，甚至起到反作用——职场中到处都是这种没用好的工具。为了避免这种情况出现，你需要借助正念的力量。我们将向你展示该如何训练自己的思维，让它变得更灵活、缜密，并且能在表达和倾听的选择和行动中熟用各种技巧。

　　此外，我们也将重点放在创造群体性透明的环境挑战上。探知心理安全的重要性，以及弄懂如何通过反思、反馈、实践、认同和多样性过程来发展心理安全。

总的来说——如何表达

　　要达到开口说了我们就能被听见需要掌握两个很难的（却往往被低估的）技巧。

　　第一个是自我意识：知道自己的价值观、行为模式、当下的情绪状态以及我们对别人的假设和判断。

第二个是同理心以及从听话人的角度看世界的能力：同理心对人的要求比较高，因为当我们准备表达意见，尤其是准备挑战主流意见的时候，我们往往会变得非常以自我为焦点而忽略周边。

"杏仁核劫持"指的是我们大脑中负责情绪和生存本能的部分开始占据主导，而理性和冷静思考的部分被暂时封闭的情况。这种情况下，我们满脑子想的都是战斗、跑路还是直接宕机。察觉到危险的时候，例如当我们准备开口表达时，我们就会感受到大脑发紧、呼吸困难、情绪高度紧张（像是愤怒或者害怕）。

当我们的"自动求生"模式开启时，自我意识往往会被抛在脑后，同理心也会被晾在一边。

可讽刺的是，只有在自我意识和同理心的引导下，我们的发言才是对自己而言最有利的——这样说出来的话比较不会对我们的声誉和关系产生威胁，这也是（发言前）先彩排和寻求他人的意见非常重要的原因。当然，我们不可能每回都有准备的机会，有时就是需要我们在当下做出反应。即使是这样，准备一些小的思考流程也很重要：在批评什么东西或者是提出一个与别人大相径庭的观点之前，先想想我们的目标和价值观，再从别人的视角看看整件事，哪怕只是几秒钟。

5W就是一个很好的自问自查方法。开口之前想想别人的观点，也琢磨一下整个环境、前言后语。下面将一个个分别讨论，同时附上一些可以放在自查清单里使用的关键问题：

☆ **原因**：即你表达背后的目的。它反映出你在寻求一个什么样的结果、你的意图是什么。比如说，在一些相对浅薄和直接诉求（如责备或者抱怨）的驱使下，人很容易就会直接表达自己的观点。有时候人们选择发声，是因为想要得到被我们认为是重要人物的关注和认可。不过回头想想，你真正想得到的或许是一个双赢结果：让两个部门沟通顺畅，并且取得成功。

之前讲过这样一个故事。一位加拿大的首席执行官被迫改变了"谁给她传达了不好的消息她就骂谁"的习惯；这个习惯是从她坏脾气的妈妈身上学来的。她开口的动机从想骂人的冲动转变成了支持共同研究的渴望。

1.你为什么想开口？你期待得到什么样的结果？

2.对你来说，表达与否真的很重要吗？对别人来说呢？

3.当你说出自己的想法时，你希望别人心里是什么感觉？

☆ **人物**：即应该说给谁听，以及你是不是那个最适合去说的人。我们想要倾诉的对象，和为了真正能促成改变，你需要去向其表达的对象，或许并不是同一个人。

组织结构的重组让"谁负责什么"这个问题变得复杂，对这个问题的理解会影响我们对于政治和头衔的认知，而这份认知又对我们的判断起到至关重要的作用：我们说给谁听才最合适？该由谁说？你还是其他人？

前面我们提到过坎特伯雷前大主教罗文·威廉姆斯的故事。尽管他想对罗伯特·穆加贝提出异议，但因为有殖民主义者的头衔，所以罗文并不是说这个话最合适的人选。

另一方面，我们也强调了人有"放弃"的倾向，认为话必须由别人来讲。这并不是为了让发言更有效，而是为了逃避责任。

1.根据工作议程来看，谁愿意听你的？

2.谁有权？谁能按你的想法去行动并且支持你？

3.你是那个可以发言也应该发言的人吗？

☆ **地点**：即最有利于表达和倾听的位置。环境很重要。确定"在正式场合（比如办公室）还是在非正式场合（比如办公室以外）来发表观点效果更好"是很重要的一步。其他需要考虑的还有：最好的沟通方式是什么？发邮件？借助虚拟平台？面对面？对方最吃哪一套？

我们在工作场合中常用"边走边谈"的交流模式，因为在户外肩并肩走路的样子没那么严肃和吓人。也就是说，有时候，仅仅只是换个地方就能让"谁对谁说了什么"发生改变。

在苏格兰的一所大学校园里，某个系的负责人重新布置了一间园丁小屋，在里面配上了舒适的椅子和燃木炉。一番改造让这里变成了一个小型谈话室，学者、学生、管理人员都能聚在一起畅所欲言。

1.你觉得在什么地方你最有发言权……而且他们也愿意听？

2.这场谈话应该是私下发生，还是你需要有人陪伴（或者至少有其他人能听见）？

3.这场对话该以什么方式进行最好？软件和虚拟平台？面对面？打电话？

☆ **时间：**即对方听的最佳时机。时机能成就一个笑话，也能毁掉一个笑话。这个道理对表达观点同样适用。有时你需要在其他人在场的情况下开口，但其他时候，你可能需要的是一个"天知地知，你知我知"的环境。此外，不要只考虑自己的情况。比如现在这个时间对你来说或许很合适，但对方看起来正忙得不可开交或是压力山大，那你可能就得重新评估一下谈话的时机。

要知道，许多重要的谈话往往发生在非工作时间。还记得之前提过的那个故事吗？副主席会选择在出差途中在旅店享受红酒的夜晚来"挑战"主席。

在伦敦一家癌症医院，居高不下的成本压力不停地压缩他们的活动空间。当高级护士看到有些工作人员做出了不当行为，他们想及时拉这些人私下谈话都找不到合适的地方。所有的事只能按规矩走正式流程，谈话就被排到很后面了。终于轮到的时候，想讨论事情的具体细节，也只能依靠之前写下的只言片语以及脑中极有争议的记忆。

1.你想什么时候开始一场谈话？立刻马上？本周内？下个月？

2.你觉得什么状态谈话最合适？是先让自己冷静下来比较好，还是趁着怒火中烧的时候激情开嗓比较好？

3.对方什么时候有空听你说？

☆ **内容：**即你传递信息时使用的字句和发出的信号。你说的话可能会引起对方的兴趣，也可能会激怒对方，让他们得出与你期望相悖的结论。表达时的肢体语言和语音语调也要随时调整，这样才能强调好奇，而不是表达责备。

什么情况下要求你需要在了解文化背景的基础上进行对话——哪些规矩需要遵守？

在塞拉利昂，一名援助工作者学会了如何用一种温柔的语气督促别人把事给办了。比如一份报告没有按时交，他会说："我真希望明天晚上之前我能在办公桌上看见这份报告呀。"而对方会回答："我也希望你能收到这份报告。"这种说话方式在直来直往、效率第一的华尔街是绝对行不通的，但同样，华尔街的那一套放在塞拉利昂也会起到反效果。

1.你开口的时候具体打算怎么措辞？会有哪些关键词或者问什么问题？

2.就你对听话人的了解（对方的背景、性格和观点），谈话中，你应该在语言和行为上传递哪些信号，同时避免哪些错误信号？

3.你如何判断自己的发言是否是成功的？

当心这些表达的陷阱

想有效表达，一定得避开下面这三个最常见的陷阱：

☆ **自我怀疑**：冒名顶替综合征发作了。我们容易对自己说些丧气话：我们的意见其实真的不重要，什么话从我们嘴里讲出来就颠三倒四、乱七八糟，别人比我们讲得好多了……然后我们就撂挑子了。之前聊到过如何处理冒名顶替综合征，对吧？第一步就是当这种感觉出现的时候，发现它，质疑它，想想自己成功表达的例子来肯定自己。

☆ **主动放弃**：想了想，该说，但不该由我说。这可能是因为我们认为说这件事是别人（比如职位更高的人，或者负责监督管理的人）该做的，也可能是因为我们觉得说了也没什么用，试都没必要试，只会白费力气。尽管某些情况下，事实确实是这样的，但我们也不能把这些当成金科玉律，更不能在袖手旁观之后用这些想法来自我合理化。要摆脱这个坏习惯，我们需要再次仔细审视自己的这些想法，并且对它们提出质疑。问问自己，保持沉默究竟是明智、合理、合乎道德的选择，还是不负责任的行为，又或者就是懒惰的表现？

☆ **以自己舒服的方式说得很爽，也不管别人适不适应、接不接受：** 当我们和不同文化背景的人交谈时，最容易落入这个陷阱。我们想当然地认为对方跟我们处理问题、接受观点的方式一模一样——在同样的地点，同样的时间，以同样的方式。如果你来自英国，需要挑战你的中国领导，你自然而然会想到可能需要注意一下文化差异。但在工作场合中，你所知道的"常识"（在别人眼里）真的可能完全不"常"。

我们往往倾向于在自己准备好或者是觉得合适的时间和地点开口发言，却不考虑这对听的人来说是不是最合适的。这个陷阱传递的信息是：同理心很重要，从听话人的视角来打量这个世界，以及5W清单或许可以帮助你做到这点。哪怕只花几分钟时间做准备，交流的结果可能就大有不同。

总的来说——如何倾听

对绝大多数人来说，"倾听"是一个盲区。我们都认为自己很会听，但其实，我们最大的失误是忘记或者小看了权力距离带来的沉默效应，即权力低微的人对"权力不平等"的预期和接受程度。

我们认为自己平易近人，在这样的想法下，我们要求别人有话直说，并认为不说也是对方的问题，与我无关。这里需要再提一次：同理心是一种无比珍贵的能力。为了做到真正巧妙地引导对方开口，我们需要有站在对方的角度看问题的能力，这样才能知道我们该怎样做才能让他们别那么紧张。随后，我们需要从值得信任的人（那些不会只说"你都好""你都对"的人）那里寻求反馈，以便继续学习进步。我们会发现，自己喜欢听什么、听谁说、会忽略什么、忽略谁，各有理由，而我们需要花一辈子的时间去认真发现、学习、进步。

没错，我们将同样使用5W来仔细审视整个倾听过程。

☆ **原因：** 即你需要认真倾听的责任。它提醒着你帮他人开口表达的重要性以及如果别人保持沉默会带来什么后果，它也能让你记住别人开口能带来的商业价值（例如，针对不当行为的直言不讳，或者大胆提出一些重要的想法）。

前文提过的，对猎头公司的创始人而言，听取修道院里最年轻的修道士的建议，"原因"是基于一种道德指引：倾听他人的意见是作为一个有道德的人和一个领导者该做的事。

这个原因会不会存在，取决于你是否真的重视别人的意见。我们发现老板往往坚信自己必须心有定论（也因此不寻求别人的意见）。

在与一位前首席执行官的谈话中，对方开玩笑似的对约翰说，"做首席执行官的意义就是你再也不用听别人的话了"。如果是这么想的，那接下来这句话听上去或许会是一个全新的观点：我们需要了解为什么作为领导也需要询问和倾听。

1.你不了解的领域有哪些？

2.如果你表现出倾听和学习的态度，而不是去指导、纠正和赢过别人，结果会有什么变化？为什么？

3.对于目前不知道的东西，有哪些你想了解？

☆ **人物**：即哪些人的发言你真的想要听，也需要认真听。反思这个问题也许会让你想到各种不同的人：有些人说话让你听着舒服，有些人说什么你都觉得是理所应当的，有些人一开口你就自动选择忽略或者回避。

在一次银行合并中，很多关键员工选择辞职，管理层措手不及。因为忙着手里的重组计划，管理层没能抽空听听员工的担忧，更没有花时间给他们描绘未来的图景：进入管理层的生活怎样，奖金多少，等等。直到对方心灰意冷，于事无补。我们采访了这位希望手下人"脑子活，手脚快，识趣懂味"的首席执行官。很明显，如果她意识不到自己得学会给说话做事没那么雷厉风行的人一点表现机会和空间的话，他们会一直保持沉默，而她很可能会错过许多重要的点子。

这与我们之前谈到的无意识歧视行为有关。对某些观念和经验的信赖会让我们倾向于相信某些观点，最后"调大"某些声音，"调小"另一些声音。

1.当你想听到一些有用的、不同的或者是刺耳的观点，你会去找谁？

2.在过去一年里，你怎样扩大或者改变了你的"倾听范围"？

3.你本能地排斥谁（即使你自己也不想）？

☆ **地点**：即让说话者觉得最舒服、最能自由表达的环境。比方说，你觉得全部门或者全公司大会是一个能够收获高质量反馈或问题的地方吗？匿名的虚拟平台是否比面对面交流更能集思广益？离开办公环境去喝杯咖啡，能不能让对方放松一点？

与我们合作的一位高级公务员有这样的规定：所有的会都要尽可能地在围着伦敦公园的一个湖散步的时候开完。实际操作中，这意味着走一圈的时间里有四分之三在完成开会的"正事"，剩下的四分之一则是人与人之间的联络互动。这种方式为人建立同理心和加深彼此的关系都提供了时间。

之前我们也聊到过，一位欧洲的工程首席执行官因为在大型会议上无人提问而沮丧得不行。讽刺的是，安排这次会议正是为了解决"员工无法向高级领导人提问而不满"的情况。如果我们自己身居高位、手握重权，会很容易忘记公共场合发表观点是一件多么让人害怕的事。说白了，我们必须有意识地选择不会凸显我们势强或者别人势弱的地方（开展交流）。

1.能让别人放松并且畅所欲言的最佳地点是哪里？

2.如果别人想跟你交谈，有没有媒介或者交流环境可供选择？

3.你觉得什么地方对你来说最合适、最能听进别人的话？

☆ **时间**：即选择恰当的时机（也就是你和对方都有时间考虑事情的时候）邀请别人发言。

在一家机构里，监管者的职责是通过明察暗访确认是否授予一项重要的认证。机构安排了相关议程，让监管者能够与一些员工会面。但监管者坚持自己要单独会见每个员工；她明白，比起一对一坦白，要当着同事的面说出机构的真相对员工来说是一件更难的事。

我们最开始做调查访问时，访问日期拖个三到六个月才定下来都不是什么稀罕事。"太忙了"是我们最常听到的理由。要做到好的倾听，你必须让自己足够"闲"，这样对方才能在自己准备好了的时候找到"可以开始谈话"的你。在职场中想做到这点要靠非凡的意志和纪律，毕竟我们每天的工作时间都被无止境的会议、工作餐应酬、熬夜加班所占据。

1.你的日程安排和计划中有可以让你发起谈话的空余时间吗？

2.你"合适"的时间和方式是否反映了你的需求？或者是想

找你交谈的人的需求？

3.普通的会议是否给其他人提供了反思、询问、发起挑战和提出新观点的机会？

☆　**内容**：即你需要选择最合适的语言——口头表达和肢体表现——来邀请别人发言。巧妙的问题可以带来巨大的不同。我们听过最好的问题之一（出自一位经理之口）是"有什么你知道而我也需要知道（但就是没人说破）的？"。

如果你眉头紧皱，那么一个"你快闭嘴"的信号可能就释放出去了；如果会议的绝大部分时间都是你在滔滔不绝地说，这也表现出了你对认同的偏好和对提问题的不满，那么当好点子不再涌现的时候，你也不该感到惊讶。

内容还包括我们在寻找什么信息、过滤了什么信息，以及学着丢弃了什么信息。对许多经理来说，最大的挑战就是控制"有形的暴政"以及找到解决方案。他们中只有极少数人会邀请别人表达并且倾听他们讲述个人的感受、自己眼中的事实以及那些无法轻易解决的困难。

1.受到挑战时，你会有什么反应？

2.你会怎样让别人觉得自己很重要、处在放松的环境里以及受到重视？

3.在提问时，你会如何措辞，好让对方能敞开心扉？

当心这些倾听的陷阱

在调查中我们发现，倾听也有下面三个最常见的陷阱。想了解更多的话，可以去看看梅根在TEDx上名为"你的权力如何让真相闭嘴"的演讲。[1]

☆ **我们忘了自己有多可怕**：我们认为自己讨人喜爱，也容易接近，可哪怕事实如此，我们的职位、人脉、个性、背景或者长相都可能让我们显得很厉害，让人害怕。研究显示，我们中的许多人完全意识不到这件事，或者我们忽略了它的威力，并因此想象别人在对我们开口表达意见时，我们也能听到真实的想法。调查结果显示，80%、75%和66%的受访者认为那些更高级别的、同辈的和更低级别的人绝对或者极少情况下会觉得他们自己很可怕。这是一个必须引起重视的盲点。

☆ **我们从不质疑自己的"发言白名单"**：就像那位承认自己在心里划分"合格员工"和"不合格员工"的首席执行官一样，我们都在有意和无意间列出了自己的名单：谁的意见我们想听，谁的没必要听。结合我们给对方冠的头衔和贴的标签，名单的权威性得以巩固。关于年纪、性别、种族和样貌的一些判断也会影响我们对"听谁的话"的选择。总而言之，我们需要留心这些小名单，还要学会质疑上面的内容，反复多次的质疑。

☆ **我们总发出"闭嘴"而不是"开口"的信号**：别人会仔细观察我们，比如分析我们的肢体语言、讲话的语音语调，以此来判断自己能不能开口表达意见。但这时候他们可能会判断错误，比如说，他们以为我们皱着眉是在生气，但这其实是我们"思考时的表情"。我们得"搞清楚自己的表情库"以及各个表情在别人看来是什么意思，并且做好表情管理。这些事，大多数情况下我们都做得挺好的，可人总有对别人大发脾气或者是粗暴地打断对方的时候，而"好事不出门，坏事传千里"。这样的故事讲多了，别人自然就不敢开口了。因此，我们必须时刻注意自己发出了怎样的信号，并且在出错时迅速修正。

正念辅助下的表达和倾听

希望5W和自查清单问题能对你有用，之前提到过的那些例子也能鼓励你尝试不同的表达和倾听方式。可惜的是，世界上没有万灵药，只有以正确的态度花心思研究，才能正确有效地使用这些解法。

这有点像是在宜家买了一张平板办公桌。把材料都堆在地上，先研究一下使用手册。手册很实用，可以说是简明扼要，但如果我们心怀错误的观念去使用它（"我不行的，弄出来绝对一团糟"或者是"我真的适合处理这种东西吗"），不仅目标完不成，手册能起到的作用也通通被限制了。

想做到高效表达和倾听就需要做到：对自己的状态、所处的环境、他人的情况进行实时观察，搞清楚它们是怎么变化的；必须学会从别人的视角看问题，合理调控自己的情绪，以便在需要的时候给出正确的反应（而不是通过无意识的习惯给出反应）；在同一段对话中，要会说，又能听，仔细分辨什么时候我们需要动口，什么时候我们需要动耳。

为了达到这个目标，我们必须学会以关心和同情的态度关注每个当下发生的事。这种能力也被我们称为正念。

在梅根和迈克尔·查斯卡尔森[2]的合作研究里，已经揭示了正念的三个核心元素：接纳、探究和元意识，缩写为AIM。[3]它们与表达和倾听都有密不可分的关系。具体来看：

☆ **接纳**：接纳意味着我们接受"情况就是这样了"的现实。在谈话中，我们会花大量的时间暗自祈求事情能发生变化。"我希望我没说那句话""我希望他们能更认真地听""我希望他们能赶紧说重点"和"我希望我们部门有个好名声，这样大家就都会听我的了"。

而接纳则可能意味着要承认：在这一刻，我们的老板就是这样，现有制度就是这样，歧视就是这样。同样地，我们也要清楚自己只是普通人，有七情六欲，也会犯错。有时候我们会希望自己没有冲口而出那些话，不会感到焦虑也不应该做那些事，但木已成舟，事实已经是这样了。

接纳不等于不再试着改变、学习和发展。当下，在情绪上头的时候是会有很多不满："这不公平""这一切都不该发生""他们不该是那样的""这不是我想要的""我真没用"。

这些想法只会阻碍我们的成长和进步。换个思路，想想"情况已经是这样了，既然如此，我该怎么做才能继续更好地向前走呢？"它能让我们处在一个更有创造力、思维更开放的状态里，进而给出更成熟理智的反应。

☆ **探究**：探究意味着我们对自己的经历、他人的经历以及我们所处的特定环境都抱有好奇心。缺乏探究意识，我们就会对自己的想法和观点坚信不疑，表达和倾听的能力也会因此受限。探究能帮助我们切换思考角度：从"我是对的，他们听着就行了"到"我提出了什么观点，从他们的角度来看事情又会是什么样的？"；从"我保持沉默就好了"变成"如果我想顺利地把观点传递出来，我该怎么做？"。

学习和发展建立在我们对事物产生兴趣、展开实践探索、总结反思发现的内容、修正行为，然后继续尝试这一系列动作之上。提问—实验—反思的循环被称作"行为探究"，无论是对个人还是对群体来说，这都是激发人们持续改变表达和倾听习惯的最好方法之一。当我们指导个人和团队改变交流习惯时，这往往就是我们的"方法一"。

☆ **元意识**：元意识是指一种特殊的能力。在我们体验自己的思想、情感、感觉和冲动时能够分神观察它们，而不是陷入其中，导致做出一些无意识的反应。当我们正在激烈的辩论，元意识能让我们冷静观察自己的行为，仔细考虑自己发出的信号是否合适，以及重新构建我们的内心对话，从沮丧调整为好奇。

如果我们让情感占据上风，说了一些口不择言的话；如果我们的同事正在被别人骚扰，而我们选择冷眼旁观；如果我们一味地夸夸其谈，忽略旁人的意见或者不给他们讲话的机会；如果别人走进我们的办公室，还没来得及开口就被我们否定和拒绝……元意识能让我们停下来，好好观察自己，并且调整行为方式。

除非你拥有这种能力，否则你表达和倾听的方式是绝不会改变的。

练习"心理时间"

通过练习培养接纳、探究和元意识习惯，可能会改善你表达和倾听的方式。梅根和迈克尔的研究表明，培养AIM的方法之一是每天至少练习10分钟[4]冥想（约占你每天清醒时间的1%）。研究已经证明，这种练习能显著提高人的共情能力、专注力以及在不确定的情况下保持镇定自信的能力。

对当下的清醒认知能让我们在表达或倾听时给出最恰当的回应。而没有这种意识，我们甚至都不会想到要用5W来自查自省；我们太忙了，总是习惯性地把自己调成"自动驾驶"模式，面对处境给出一些无意识的反应。

这也是为什么我们要通过训练来提升个人和团队，只有拥有了这样的思维和意识，他们才有动力和机会去注意以及改变他们表达和倾听的习惯。

心理安全

我们可能会倾向于从个人层面来讨论"如何"行动——我该如何表达，我该如何倾听——但我们需要让自己明白，在团队和组织里发言的动作和影响都是相互的。这是一种集体现象。

改变我们在工作场合的表达和倾听方式是一种社交类的改变。我们做出的姿态和决定会对其他人产生影响，而我们的选择也会受到周围人的影响。这就像是在跳一支步伐繁复的舞蹈，我们时而引导舞伴，时而被舞伴引导。并不是"某个人承担责任、提升表达能力"就万事大吉；某个人选择保持沉默，受到影响的也绝对不只是这个人自己。选择和行动产生的后果会对整个系统产生影响。

因此，如果你在正式或者非正式的情况下被要求提高在工作场所的交流状态，你要做的是跟每个人（包括你自己）以及整个系统一起合作，让人们都学会如何表达和倾听。没有说就没有听，反之亦然。

心理安全是团队成员们的共同信念。他们需要相信团队可以承受那些个人的"试探"行为带来的风险。[5]哈佛大学教授艾米·埃德蒙森是研究和建议群体如何创造（和毁灭）心理安全方面的专家。结合她和我们的研究，我们确定了五个有助于为组织的开放性和透明度创造必要的安全感的过程：

☆ **反思**：反思的过程能让整个系统暂时停下来，以便我们更好地理解某些东西，并且做出适当的反应。

我们会在与我们合作的组织中推进行为探究（前文有提到）。小组成员们会反思自己的表达和倾听习惯，还会提出改进想法和建议。

几周后，他们会回来讨论复盘，反思自己学到了什么，下一步改进计划是什么。通过反思—行动的周期性运作，一个系统内的可持续性变化出现了。

1.你和其他人什么时候能够反思彼此间的沟通方式？

2.你什么时候会认真思考：怎样才能鼓励人们说出自己的担忧和想法？

3.关于如何学习和进步，你是否会反复思考？结论呢？

☆ **反馈**：反馈的过程就是让个人和团队将关于如何表达和倾听的证据和想法收集起来。这个过程可能会让个人和团队接触相关的教练和指导人员，这些人能够给出坦率的反应，也更能说出一些其他人不敢说的话。除了上面这些，反馈还包括观察、记录和测量。

我们开展了"向权力文化说出真相"的调查[6]，来为那些想要搜集关于自己文化的有效反馈的组织服务。也如上文描述的那样，相关结果得到了分享、讨论，相应的行为探究也得到了开展。

1.你能向谁寻求反馈？

2.谁会对你直言不讳？

3.你如何在你所在的团队或组织文化中获得不同的、有挑战性的观点？

4.如果你觉得一切都还挺好的，怎么才能验证这种想法？

☆ **实践**：实践的过程也许会包括与演员（或者是可信任的顾问）合作练习该怎么表达和倾听。

我们会要求每个人选择一个真实、复杂、他们避不开的对话场景，在一部分同事的围观下，让参与者与受过训练的专业演员进行交流练习。参与者会得到反馈，然后以不同的方式再交流一次。这是一种广受好评且颇有成效的练习方式。

针对团队，我们会通过不同的交流和挑战方式来促进团队实践，通过"停止—开始"来切分、反思和学习各种行为，同时确保整个环境是允许，甚至鼓励犯错的。举个例子，我们可能会给一些人发"恶魔代言人"的卡片，拿到卡的人必须练习"对决定提出异议"（他们不会被要求必须做到完美；这样的练习过程才能达到更好的学习效果）。我们也可能会随时叫停整个流程，然后一对一私下采访某些人，观察他们会说些什么，以及房间里还有哪些"大象"。随后，得到的这些行为模式和"大象"会分享给整个组，大家一起以一种安全但不懈怠的状态开展讨论。

1.有什么地方可以让你练习不同的交流方式？

2.你有愿意听你说并且帮助你练习的朋友吗？

3.在你的团队里，什么时候你能创造出一个可以让你用不同的方式交流、犯错、尝试更多不同的东西，并且从中学习的环境？

☆ **认可**：认可的过程确保表达和倾听无论是从正式还是非正式的角度来说都是被承认和接受的。重要的是，这意味着不会惩罚——准确地说是会欢迎——犯错（只要能从中学到东西）。也就是说，积极正面的故事会被大力宣传鼓励，而负面的、让人沉默的故事也会被注意到。

通过人种志研究，我们试着观察与我们互动的群体、跟他们交谈等，希望能从他们的角度看世界。一些故事、模式和游戏引起了我们的注意；它们有些受欢迎，有些受惩罚，却几乎不被质疑。我们注意到一些"互相矛盾的承诺"，它一方面鼓励表达和倾听，另一方面又阻止它。举个例子，在前文中，我们曾经提到过，有一个组织将"以积极的眼光看待变化"作为企业价值观。这句话被解读为"不要说任何可能被认为是负面、消极的话"，进而被视作与公司的另一条企业价值观相悖：透明。

1.谁在你的组织里能得到认可？为什么？

2.什么行为是真的会被鼓励和会被优先考虑的？

3.如果你在表达和倾听的时候犯错了，会发生什么？

4.关于曾经勇敢发声过的人，公司里流传着怎样的传说？

☆ **多样性**：多样性进程确保人能接触到各种不同的观点，而且发表不同观点是值得鼓励（安全的）和受欢迎的。招聘和晋升这两个环节对确保一家机构不会只关注自己的喜好来说至关重要。

梅根最近见了一群丹麦精英：三十位四十出头的白人男性，他们很多人的穿着打扮一模一样。似乎没人意识到这种奇怪的一致性，也没人在乎。梅根主动提了这件事，引起了大家的注意，还发起了一场关于"同质化后果"的讨论。

通过使用心理测量工具，我们发现了认知多样性[7]并且帮助团队学习欣赏差异，讨论一度曾被隐藏和视作理所当然的东西；通过研究头衔，我们发现了无意识的偏见行为；我们以调查的方式仔细研究了人会持续否认自己的歧视性行为。

1.看看你的团队。他们像你吗？

2.你有的那些真正不同的观点，有多少是工作场所和团队提供的？

3.无意识偏见行为是怎么在无形中影响到你的招聘、培训和留任过程的？

我们可以自由发声，但如果发声的后果是危险的，那保持沉默则是明智的选择。心理安全得到保障，交流环境里的透明度、尝试甚至打断才有可能出现。

如果觉得不安全，我们是不会轻易开口的。如果我们不开口，其他人也会逐渐跟风沉默。摧毁沉默的牢笼并非不可能，但这需要极大的耐心、责任心和关爱之心。

想知道如何才能帮助自己和别人更好地表达和倾听，我们必须仔细审视，并且努力改变我们每个人以及整个团队的习惯。

核心要点

☆ 正确的表达和倾听方式并不是唯一的，也没有完美的"做法"。只有将你自己、你的人际关系和专业能力与你所处职场中的文化、既定规则和常见做法相结合，才能找到最适合你的方法。

☆ 自我意识和同理心对于提高我们的表达和倾听效率至关重要。

☆ 用表达和倾听的5W（原因、人物、地点、时间和内容）自查，帮助自己产生同理心，更好地与人沟通。

☆ 想与人更好地产生联系，我们需要更用心，带着耐心关注当下的自己与他人。

☆ 如果你想在团队和组织中创造一个有利于表达和倾听的环境，心理安全是必不可少的要素。为做到心理安全，你需要留心反思、反馈、实践、认可和多样性过程。

☆ 表达和倾听发生在人与人之间。这是一项社会活动，因此，我们需要团队层面及个人层面的努力，一起创造安全环境。

可以试试：找一件富有挑战性而你也必须得说的事，在下次会议上就它发表意见之前先找人练习一下。

引用出处

1.https://www.youtube.com/watch?v=Sq475Us1KXg.

2.See https://hbr.org/2016/12/how-to-bring-mindfulness-to-your-companys-leadership and https://hbr.org/2016/11/mindfulness-works-but-only-if-you-work-at-it.

3.Chaskalson, M. and Reitz, M. (2018) *Mind Time: How Ten Mindful Minutes Can Enhance Your Life, Work and Happiness*. Harper Thorson.

4.See https://www.mindtime.me for example meditations.

5.Edmondson, A. (1999) Psychological safety and learning behavior in work teams. *Administrative Science Quarterly*, 44, (2,

June) (Jun., 1999), 350-383.

　　6.https://hultbusinessschool.eu.qualtrics.com/jfe/form/ SV_a9uXunK7VUxOYst.

　　7.https://hbr.org/2017/03/teams-solve-problems- faster-when-theyre-more-cognitively-diverse.

第七章

未来的真相：数字世界的深远影响

Chapter Seven

SPEAK UP
沟　通　博　弈

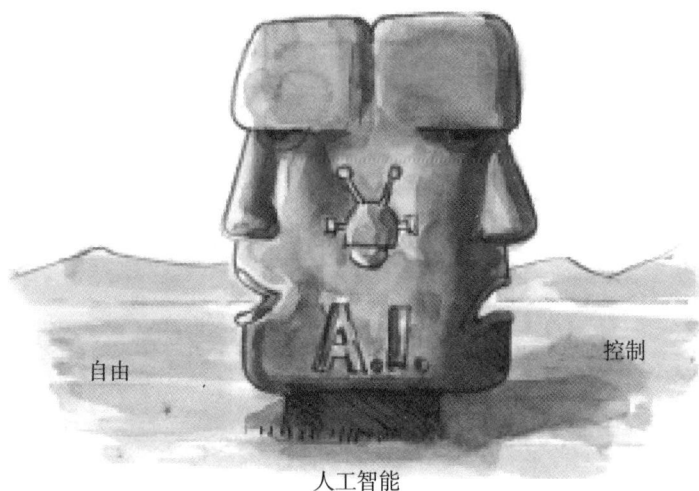

自由

控制

A.I.

人工智能

　　如今，我们正处于快速变化的环境中，科技的进步正在以一种前所未有的方式影响我们的想法和选择。在这个世界里，算法在呈现某些信息的同时也隐瞒了其他数据，以此调控我们对于周围世界的认知和看法。随着"能够获得技术资源的人""无法获得技术资源的人""能决定这些资源如何应用的人"和"消费别人提供的资源的人"逐渐出现，"权力"也有了新的定义与解释。

　　无论好坏，受到人接触与使用数据的方式、人对数据背后的东西的理解以及人辨别真假的能力的影响，我们对真相的看法正在改变。随着技术的指数级增长，这改变了数字世界的范围和规模，一切事物注定变得越来越快。

因此，如果没有考虑到我们对表达和倾听方式的选择在未来可能会受到怎样的根本性影响，这本书就称不上是完整的。

当然，没人知道未来是什么样，而我们也容易被别人描绘的未来给引诱。但作为一个社会，我们将会通过自己的选择来构建未来，然后无论是否在预期内，都一起承受这个后果。

在本章中，你会：

☆ 了解一些很可能改变我们交流方式的先进技术成果。

☆ 对摆在面前的这些无与伦比的可能性心生希望/绝望（取决于你的态度）。

☆ 把你在本书其他章节里学到的东西运用在一个发生了根本性变化的、更广阔的社会背景中。

☆ （我们希望）考虑一下继续磨炼自己的表达和倾听能力；它们在未来会变得越来越重要。

未来的真相：会更好还是更坏？

我们写这本书的初衷是为了帮助你提升表达和倾听的效率。读到目前为止，你应该已经了解了引导一场谈话的关键：你有多相信自己和别人的观点；你认为选择发声会有多大的风险；你如何理解政治环境中的地位、权威和个人议程；你给自己和别人冠上的头衔和标签会如何影响相对权力；策略——"怎么做"——

关注每时每刻的互动。

你的脑中处理着这些复杂的内容：在自己的人生经历中筛选出与他人互动的片段，评估你所处的环境，测试你的动作会得到什么样的反馈并且判断这些反馈是什么意思。然后你会采取行动（哪怕行动的内容是"不要采取行动"）。

未来的世界里充满了无限潜力，我们有望改变和提高相遇、思考、理解、关心和做决定的方式。在数字技术的影响下，人类的交互方式几乎没什么地方能维持原样。我们被迫更努力地主动思考自己想从彼此这段关系里得到什么，否则技术供应商会将更符合他们利益的交互规则"强行安利"给我们。

几千年来，我们形成了阅读和理解自己与他人的古老习俗。可是现在我们必须学会如何在数据和新技术井喷的当下，更有效且合乎道德地使用新表达方式来工作。

与人类发展的任何阶段相比，如今，我们对自己、彼此以及人与人关系的了解变得越来越清晰可见，因此也更加易于管理、控制和适应。我们只期望道德和伦理认知能够跟上这个全新世界里的技术能力——这是一个令人兴奋的机遇和令人恐惧的结局都可能出现的世界，我们必须认真思考，审慎抉择。

我们从简要解释一些术语开始（而不是吹嘘所谓未来的真相），然后基于对技术、政治和整个社会的现有趋势的推断，结合采访在技术创新前沿的代表人物，我们创造了一系列场景。最后，我们会讨论真相的可能性含义，并且邀请你思考一系列问题；这些问题能帮助你理解这一切对你自己、你的团队以及你的工作场合有什么意义。

一种新的语言：一个人工创造的、不断扩充的、算法的世界

我们的技术未来里充满了许多让人感到困惑的新语言。事实上，使用这种新语言的人和不使用这种语言的人之间的差异正在凸显：权力和权威的差异已经对我们的表达方式和我们选择的表达对象产生了影响。我们写这本书不是为了把从机器学习到自主架构的所有内容重复一遍（其他的书已经把这个任务完成得很好了），但我们确实会经常提到三个"as"，所以我们至少会对这些稍微有进一步的了解。

格罗思和尼茨伯格在他们的著作《所罗门的密码》[1]中对人工智能（AI）给出了一个好用又清晰的定义："从最广泛的意义上来说，人工智能是指机器学习、推理、计划和感知的能力，其主要特征是我们以人类的认知来定义的（值得注意的是，不是以意识或良知）。"

人工智能处理数据的同时也在学习，因此，随着时间的推移，它会以指数级的增长速度不断进化。脸谱网上的新闻推送，苹果公司的个人助理希瑞（Siri），谷歌的搜索结果以及面部识别技术都是人工智能进步的成果。伦敦大学学院研究城市数学

的副教授汉娜·弗莱建议我们用"计算机统计"（CS）这个词来代替人工智能，这样或许能削弱一点人工智能身上的"魔法色彩"。同时，这样或许也能提醒我们，人工智能很大程度上是由人类和人类做出的选择塑造的。

人工智能/计算机统计如今以及今后的使用方式，是由掌权者们如何使用它而决定的，它也将成为未来发展的不同愿景之间竞争的战场。关于这点，有人认为J.K.罗琳和她在《哈利·波特》系列中创造的角色亚瑟·韦斯莱的看法或许有些道理："如果你没有看清它的脑子藏在什么地方，就永远不要相信自己会思考的东西。"[2]

增强现实（AR）技术将大量数据和分析转化为覆盖在现实世界之上的图像或动画。[3]我们已经习惯了获取二维信息，并将它带入三维世界（举个最典型的例子：逛家具的时候先看家具的相关说明，然后看旁边的家具实物），但如今，AR通过把物理和数字数据整合在一起进行处理，成功地省略了一部分"转换"过程。在制造环节中使用智能眼镜将数据指令叠加在物理存在的机器上，这就是AR的应用场景之一。

算法是一种计算机程序，它通过一系列特定步骤分析数据来解决问题。算法的应用案例之一是谷歌搜索引擎会根据我们的搜索要求来确定搜索结果的排序。我们的偏好会被网络记录下来。利用这些数据，脸谱网和谷歌一类的公司通过算法得出该给我们推送什么样的信息，又该屏蔽什么信息。[4]我们看不见的代码替我们做出了决定，尤其是脸谱网，他们就一直深陷"用算法操控新闻推送"的舆论旋涡中。有人认为这种操作能放大一些观点的影响范围，同时让另一部分观点消失，进而让受众被那些想要操纵选举结果的外国势力影响。

那么AI、AR和算法的普遍使用又是怎么持续影响我们表达和倾听方式的呢？

未来世界的六种场景

我们一起展望可能出现的未来。下方列出了六种场景，试着借助它们激发你的想象力，同时思考一下你表达和倾听的方式可能导致的后果。有些场景描述的是更普遍和更可能出现的未来，有些可能会让人觉得惊讶和受到约束（尽管我们没办法分辨哪些是哪些）。

1.无处可藏——权力走进阳光里

在（虚拟）会议室中，你跟你的同事正通过智能眼镜、隐形眼镜和其他设备展开互动交流，这些设备上，你和你在座所有同事的情绪状态都显示得一清二楚。你开口说的每句话都经过了仔细审查，确保你使用的词汇的准确与合适。你的会议将根据谁有时间参与以及谁一定不能缺席的规则来安排。任何谈话都会辅以语义分析工具，来明确话语中交织的提倡和质询。你还会有属于你的"机器人"，当它判断你开始明显偏向于某一方而远离另一方时，会向你发出警示。

你还可以看到别人的恐惧和焦虑等级——当然他们也能看到你的——这个数据会被用来反映权力—距离关系。谁自信满满，谁就会被看作当下最有影响力的人；自信越少，力量也越小。然而，乌托邦式"领导就是无所不知、万无一失"的设定也一定会受到质疑；毕竟，众所周知的是，人的脆弱是一种不可避免和普遍存在的属性。

从话语权和影响力的角度来看，权力再也不会被掩盖或忽视。谁说的话大家都听、谁掌握着权力和影响力，这些以前全靠隐晦猜测和默契共识的主观判断，现在全部得到了公共领域的数据支持。权力的模样更加明晰。对有些人来说，这意味着鼓励他们认同"强权即公理"的交流法则，同时思考怎么去灌输恐惧和顺从的想法（但至少在这些情况下，没办法一边做一件事，一边宣扬另一件事）。但对另一些人来说，这意味着权力得到了明确的承认，也因此能被更好地使用。这样一来，那些掌权者就不会意识不到自己的权力，也不会在无意识中霸占整个对话机会，而那些手中无权的人也不会被轻易忽略了。

你会如何利用这一切，很大程度上取决于你的价值观和道德选择。

2.算法博弈——真真假假的新世界

当你说出的话、写下的字，哪怕是还未曾表达的想法都成为公共领域的一部分时，承担它们所带来的后果就是一件无可避免的事。他人如何看待你，你如何看待他人，这些都源于支撑无数算法的各种假设。而这些算法会对世界上追踪记录你的各种数据进行筛选处理。

如果你是个机灵的人，你会根据各种评估你个人品质的算法需求来调整自己，好呈现出最有竞争力的一面。为了展示你的专业态度和决心，你需要谨慎筛选后加入一些对自己最有利的聊天室和线上团体，而不是一些例如现代意义上的政治社交网——选择什么会议该参加，什么不该参加也是同样的道理。

新技术的运用使你能确认自己被当作"为职场中最有影响力的在线交流做出贡献的人"看待，而你的贡献也符合公司算法追踪分析你的数据后对你的评价。通过管理你参与的交流活动，你可以调控自己的数据，让它靠近那些制定算法规则的人眼中的理想状态。发明算法是为了减轻其他算法的影响。技术引导你学习某些词汇在某些场合的使用方法，而不是在与系统较量时乱用。

中国社会的信用评分，即所谓的"芝麻指数"，是工作场所普遍使用的一个数据。在这里，你只要能公开证明自己有正确思考和表达能力就能加分。所以，如果不是用唱的，人们也会用说的来表达赞美和歌颂。而长期以来，围绕着实现价值观和目标而开展的全面组织协调任务就这样完成了。你正处在一个"靠发言表立场"的时代。你觉得呢?

与此同时,你和你的同事、朋友、家人都会忙着为自己捏造一系列假身份,以便可以更光明正大地去实现性格中的其他方面—— 在公认交流区域之外的"暗网世界",在那里有着更加不受约束的发言环境。

3."机器人"老板的崛起——向情绪波动和倒霉日子说拜拜

老板总是有时候春风得意,有时候诸事不顺。关于怎样开展一段良好的对话交流,那些原则和做法其实大家很早就知道,也非常熟悉了。但当压力、自尊心和不自觉的思维习惯冲上脑门的时候,老板们又总会被带偏,乃至把事情搞砸。如果能生活在一个互相看透的世界该多好啊,你明确知道老板需要的是什么,而他们也知道该怎样给你最合适的反应,因为这些都已经被编写进老板们的程序里。

如今,绩效评估和招聘决策过程中的歧视和偏见已经大大减少,职场中也有更多的机会发出不同的声音(尽管算法提取的数据集里固有的偏见依然存在)。

谈话交流不再受个性冲突和情绪调节欠缺的限制。取而代之的是,它们会被非常明确的规则管理。你的情绪状态、价值观、动机和能力会全部被纳入考虑范围,而你的机器人老板会以跟当时那个状态下的你最有效的交流方式跟你进行交流。老板不再需要参与那些旨在调整自己的行为、培养领导力(往往以失败告终）的培训课程；机器人老板从一开始就会被设定成一个好教练、引导者和顾问，以你最容易接受的方式给你提供反馈。

当然，机器人老板或许没办法提供一些身体和人际关系上的联结，你对机器人老板说的话也会通过算法抓取为数据进入你的评估系统中——这意味着你对机器人老板的权力差异感和你小心翼翼的态度可能不会轻易改变（甚至还会增加）。然而，关于理性、真理和可预测性的规则是不变的，而且也是（除了一些奇怪的小故障）基于最理性、最以组织为中心的算法。

4.事实如此，女士——客观真相如何占据主导

在即时引用的条件下，记录事实和数据似乎变得不那么重要。Siri、亚历克莎（Alexa）和为你服务的智能程序都是客观事实的来源。它们基于主流的真相等级体系而建立自己的真相：可验证的科学知识是第一位，而整个体系再一次完全依赖于人类的决策和意识形态，这些决策和意识形态让算法和构建出算法的数据集得以发展。

你已经在两个关于如何解释真相的主要流派中做出了选择。如果你选择第一种，你就会表达和倾听关于如何对真相做出反应的话题，而不是花费过多的时间去争论和质疑真相究竟是什么。比起主观，你更倾向于客观真相。如果你喜欢规则至上的文化，那这个对你来说就很合适：什么该做，什么不该做已经被编写到算法里，就像美国食品和药品管理局把事实和数据的有效性规则

都条分缕析写清楚了一样。你要做的就是听他们告诉你真相可能是什么样的。

如果你选择了第二种，那你就已经在批判性思维以及发现和评估假设的能力方面训练了自己（包括支撑算法的相关假设，因为这些算法通过数据来呈现真相）。你已经从一些关键时刻中，即社会被虚假新闻和宣传主导的信息所影响和误导的时刻，吸取了教训。你已经意识到，被视作客观性核心的东西正是主观性。你很高兴地看到自己的组织正在寻找和网罗那些善于研究事物本质的人。你们的对话侧重于发现不同的切面和视角，以及通过识别假设和偏见，你和其他人怎样能从数据中构建出共享的意义。

5.泡沫时代——真相怎么就成了任我们打扮的小姑娘

唐纳德·特朗普在这方面堪称大手。真相不存在于我们相信的范围之外，但权力的强压让真相也不得不低头。正如乔治·奥威尔在《1984》里描绘的那样[5]，掌权者一声令下，2加2就等于5了。

我们被灌输了大量的信息，这些信息聚焦并放大了出自我们所在群体的新闻（包括辛辣尖锐的评论），而出自其他人的观点则会被过滤出我们的视野。同样的情况也发生在我们所在的组织机构里。有权势的人（包括那些能理解算法和数据技术的人）操纵着雇员能接收到的内容。与公司价值观吻合的观点才会投放到我们的屏幕上，而与之相对的数据和观点连同我们理解和挑战自我认知世界的机会一并被遏制和缩减了。"深度假象"，那些伪造的镜头和照片都太过真实，以至于破坏真相、混淆视听。为了让舆论偏向掌权者那一方，这些虚假的内容大量涌现。

这类情况的后果部分取决于我们是否能意识到正在发生的事情，以及我们是否关心。它取决于此种信息管理方式被如何理解：是改善了我们作为一个社会的福祉和我们作为一个组织的盈利能力，还是剥夺了我们表达和倾听的自由，最终导致我们组织灵活性、道德感和创新力不断下降。

6.你能承受多少真相？

随着数据的爆炸性增长，你会发现自己可掌握和支配的数据超过想象。这时候，你需要决定究竟该把自己有限的注意力集中在什么地方。人类吸收掌握数据的能力是有限的，而数据是无限的。

你会发现，你的一些同事已经不再和人进行什么眼神交流了。他们的心神被自己的设备以及眼前出现的信息流牢牢抓住，说是上瘾了都不过分。他们对数据的喜爱明显大于对自己的经验、体会、本能和直觉的认知。也因此，与这些同事的关系变得越来越流于交易，人情味越发淡薄。

然而，另一些人却更在意探求如何使用数据、何时使用数据、什么时候可以信任数据而什么时候应该对它发起质疑。这类同事似乎是在通过使用数据来提升和改善自己与他人交往的方式。你会发现，他们对人与人的联系有着强烈的信仰，并且将关系质量看作重中之重——尽管在关注设备和关注人之间取得平衡真的非常困难。

还有一批人则已经决定完全退出科技推崇者俱乐部，他们只在绝对必要的时候才会掏出智能设备捣鼓两下。

你会选择成为这其中的哪一种人呢？

探寻未来的真相

我们并不知道哪种场景会成为现实，以及发展到什么程度。当然，其他可能的场景也还有很多很多。也许可以这么说，我们手中能掌握的关于自己和他人的数据会比以往任何时候都要多。注意，这里说的是"数据"而不是"真相"，因为呈现在我们面前的往往是由算法提供的数据。算法在对数据集进行筛选的时候会反映出社会歧视，并且会在突出强调一部分信息的同时将另一部分信息限流。

考虑到这一点，我们要问自己一些重要的问题，即我们该如何通过使用TRUTH框架来指导自己的表达和倾听。

说出真相的未来

下文列举出了一些关于你和你所在组织的其他人未来是否会开口表达以及如何表达的想法和关键问题，供你参考。

相信你的观点

信息爆炸或许能让你对自己的观点更有信心，因为你能去寻找证据。不过也有可能让你陷入信息泥沼，疲于筛选信息和分辨真伪，最终忙得晕头转向。影响你相信自己发言的因素有：

☆ 你对自己知识来源的评估，以及究竟是数据起主导作用还是切实的了解、经验和直觉的作用更大。

☆ 获取更多的数据是否能增加你对自己观点的信心，还是说虚假信息和深度假象的激增会让你变得更混乱，因为你知道任何观点都可能会被更多的数据驳倒。

表达的风险

最近的发展，比如#MeToo（我也是）运动体现了个人风险是如何被社会化的。你不再需要独自承受表达的风险，因为阵营在恰当的时候就会形成。但相应地，风险可能会被放大，甚至催生出新的风险。你在毫无防备的情况下，不经意间发表的言论可能会被翻出来当作现在攻击你的武器。无论你在公共领域发表了什么内容，都有可能永远被保留在那里，并且在不受你控制的情况下被使用。影响你感知风险的因素有：

☆ 你是否能通过筛选自己的各种交流渠道找到自己的盟友，借助集体的力量发声。

☆ 如果你所说的每一句话都被算法记录和整理，而算法又决定了你在别人心中的印象，那么你将可能在反驳大多数人或者对"政治正确"的故事提出反对意见时面临更大的风险。

☆ 如果你能掌握的数据可以帮助你以很巧妙的方式表达自己的观点，那这样能让你感知到的风险少一些。

理解政治

人们使用和管理数据的出发点从来不是中立的——而是带有目的的。举个例子，2013年，为了尝试影响用户的情绪和心情，脸谱网在用户不知情（或未取得其同意）的情况下操纵了推送给689,003名用户的新闻摘要内容。[6]数据及其使用方式是那些想实现个人目标的人比拼的战场，大多数情况下，他们非常关注自己目标的重要性和有效性。只要这个新兴的数据经济还处在"狂野西部大开荒"阶段，它就会让个人承担越来越重的责任，让他们意识到自己被告知的内容以及自己选择分享的内容都确实存在问题。政治将影响：

☆ 在未来，技术能让你对别人的利益和议程了解得更多还是知道得更少。

☆ 你将通过个人机器人获得更多关于如何激励和影响他人的

建议，以及这些建议是否有效的信息。

☆ 我们所有人都在玩的这场游戏增加了表达的政治雷区。比方说，如果你精于政治，只在特定场合对特定的人以特定的方式表达，那是不是意味着你把算法玩弄于股掌之间了？

头衔

未来的技术或许能减少工作招聘和评估中因年龄、性别和种族而产生的偏见。然而，算法也有可能直接强化了现有社会中被视作理所当然的既定规则——"旧的头衔进，旧的头衔出"，换句计算机领域的话来说就是"废料进，废品出"。

我们的标签与所处群体和环境息息相关，所以我们作为一个社会对标签看法的改变，和对新增标签的态度都会对我们的表达产生影响。例如，与技术专家相关的头衔或许会变得越来越有分量，但带着哲学家或者社会学家标签的人在未来的社会地位可能会更高，谁知道呢。随着我们个人状态的相关数据越来越容易被别人看见，也许哪个标签最重要会取决于算法对我们每个人当下情绪的判断，以及我们是否处在一种适合进入谈话、继续展开谈话或者是做出决定的状态。影响头衔的因素有：

☆ 技术是否能通过减少晋升和招聘等过程中的偏见行为来帮助你获得表达的机会。

☆ 歧视是否会通过算法筛选使用的部分数据集、与代码相关的道德选择以及现存社会习惯而持续存在。

☆ 在未来，谁会被取代和遗忘。如果你对技术的获取能力有限，你会"被沉默"吗？

怎么做

在新的数字世界发言，需要适应"在各种技术搭建出的平台上与人交流"的方式。尽管我们会拥有越来越多的设备，也能获取更多帮助我们好好表达的数据，但只有通过真的自律，我们才能做到不被海量的视觉以及其他资讯分散注意力。新技术和旧技术，例如电子邮件，都能剔除背景数据。因此，我们需要保持警惕，想清楚如何说话才能被别人听到。你对如何表达的了解会变得更透彻还是更模糊，取决于：

☆ 你的个人机器人提供建议的能力，巧妙地针对你谈话的内容、对象、地点和时间提出建议。

☆ 你有多看重人际接触和自己的直觉。

☆ 你参与技术化论坛并在其中做出贡献的能力。你能否完成更有影响力的发言？还是说，处在百家争鸣的环境中，你的声音会更容易被淹没？

关于倾听，未来的真相

想确定科技对未来世界里倾听的影响，就像要研究我们自己的声音为什么会被放大或调小一样困难。我们提供一些想法供你琢磨。

相信别人的观点

随着人们对信息源缺乏信任的趋势持续发展（甚至很有可能加剧），人们会更倾向于留在属于自己的信息泡泡里，相信那些自己一直信任的人。但这样可能会让"不相信其他人"的情况进一步恶化。好在，与过去不同的是，现在正处于信息前所未有的爆炸时期：我们能接收到更多不同的观点，也被提醒着要多听多看。所以，"信任问题"的核心还是我们是否相信他人观点的价值。要回答这个问题，你需要思考：

☆ 从政府部门到商业领袖，从媒体渠道到名流巨星，你信任哪些"权威的信息来源"？

☆ 是选择退一步躲回充满了自己创造的真相泡泡的世界里（其中强调的是你已经知道或者想要知道的事实），还是选择提出质疑并且带着问题去倾听那些不同的声音？

☆ 该听谁的？具体来说，你是否会把注意力集中在同样精于科技的人才身上？对于那些缺乏资源因而遭到疏远甚至是排挤的人，你会如何听取他们的意见？

风险

技术能够把组织的上层、中层和下层以一种前所未有的方式连接起来，人也会以一种前所未有的程度袒露和曝光在他人的视线中。有这样一个例子：《纽约时报》[7]的一篇文章揭露谷歌曾试图掩护一名被指控有不当性行为的高管，作为对这篇文章的回应，一场谷歌全球大罢工爆发了。

技术促进了联结的出现和深化，与之相伴而来的则是不容忽略的责任。它或许不会缩短权力距离，但会以一种更直接、更可怕的方式将等级森严的权力摆在人们面前。比方说，我们有一位受访者分享了一个经历：他在凌晨两点收到了首席执行官（他们彼此从未见过面）的私人邮件，对方对他做出的决定表示不同意。这件事让他简直惊讶得不行。

如果你想别人对自己敞开心扉，那就得意识到别人有可能会害怕你（不论是因为什么），以及最先该做的永远是想办法消除这种恐惧感。你需要确认：

☆ 通过使用其分析工具，科技赋予了你观察别人什么时候觉得你让人害怕的能力。你需要决定是否采纳你的设备提供的建议，通过改变自己的言行来减少别人的恐惧。

☆ 你如何通过利用不同平台上的各个渠道，找到适合跟不同的人交流的方式，让对方觉得安全。

理解政治

随着越来越多的信息被记录、拍摄甚至作为调档可查的永久审查存据被保存，政治也变得越发复杂。公共论坛上的发言随着人们行事越发谨慎而变得流于表面。如果在别人眼中你属于掌权者，那落在你肩上的责任可能会越来越重，你得明确自己的政治议程，因为面对不确定的情境，人们会选择谨慎行事，而你就再也轻易听不到他们的真心话了。关于政治的商谈需要你：

☆ 想清楚如何运用手中的科技和数据，衡量其他人的动机和他们关于"讲真话"这件事的风评。

☆ 熟练使用掌握的工具和途径去了解真实的故事，拨开其他人用甜言蜜语织成的谎言大幕。

☆ 如果操纵算法最终只得到了增加政治雷区的结果，需要坚定信念，明确自己该相信什么。

头衔

在精心设计的数据程序全力运作下，我们或许能消除无意识的偏见行为并且摆脱过去的社会分类束缚，听到别人的声音。也就是说，我们或许会进入一个"听人说话不看头衔"的时代。尽管鉴于人类有着创造差别和等级的能力，我们怀疑新的等级区分方式会出现，而旧的也会找到方式继续存在。如果你有领导的头衔，而你专长的方面又变得更加民主了，那"领导"这个头衔或许会增加一些便利亲民的含义。假如一切会这么发生的话，倾听的重要性会大大增强：在未来，我们赋予头衔含义的方式以及决定头衔重要性的方式都会影响我们关于"该听谁说话"的判断。这就提出了如下问题：

☆ 你所掌控的科技能做到让你（或者是提示你）完全客观公正地，或者至少是尽量不带偏见地倾听吗？

☆ 在未来，什么样的标签会让别人对你的恐惧感增加/减少？

怎么做

我们或许能从实时数据中获益。它们会告诉我们：我们作为听众的实际表现如何，和我们在一起的人是什么感觉。追踪我们倾听质量的技术或许会像现在的Fitbit（一种智能手表）一样无处不在。所以我们需要保持专注，根据具体情况判断什么时候应该接受科技给出的建议和推荐、问出合适的问题，什么时候该放下设备、相信自己的直觉、在恰当的时候保持沉默。你对于"如何倾听"有多少了解，取决于你是否会：

☆ 使用新技术让自己和别人产生比以往更深的联结，以及听取不同的观点。

☆ 将用心关注和认真参与的能力当作重中之重。

☆ 借助AR"亲自"与更多来自不同群体的人互动。

我们的道德意识、观念和选择塑造了我们的未来

就社会和知识的优先级而言，如果不是在无意识中倡导了我

们文化中认为正确和恰当的部分，我们作为一个社会整体，或许无法书写自己的未来。在思考这个由人造技术、激增的信息以及各类算法构建的未来会有什么样的可能性时，我们面临着"用西方式的、个人主义视角评估什么是'美好社会'"这样一个避无可避的问题。

当听到那些认为有必要对保护个人权力的科技行业进行明确管理的主张时，我们会纷纷点头表示同意。后来，通过与一些受现代中国传统熏陶和享受文化带来的政治优先级的人交谈，我们意识到了自己的偏见。

也许对我们所有人来说，意识到"自己认为什么是显而易见的，以及它是怎么塑造我们对于未来的看法和道德选择"才是挑战的开始。

对科技公司来说，他们会发现，自己正处在一个无比关键的时期。从作为构成社会的一分子这个层面讨论，科技公司该如何自处呢？它们该全心全意造福人类，竭力提供更大的自由和越来越高的生产率，还是让自己变成加剧强者与弱者之间鸿沟的一股力量，来进行压迫、操控和禁言？举个例子，脸谱网的发展正受到其创始人直接且商业化气质严重的世界观的影响，2004年，马克·扎克伯格在他的即时通信日志里写道："对，也就是说，如果你需要哈佛大学里任何一个人的资料……开个口就行……我这里有4000多封邮件，照片、地址……人就是会自己提交信息啊……他们'信任我'……都是大傻子。"[8]

我们未来对技术的使用方式是基于对人、关系、政治和经济的设想而创造的。这些假设彼此间或许会出现一些明显的矛盾，其中还夹杂着人们对于社会接受度的看法。我们需要做出一些会产生重大影响的道德选择，它们将决定在未来谁更有话语权，谁会被剥夺发言的权利。而关系到这一切，表达和倾听也比在过去任何时候都更加重要。

我们现在做选择的时候，能够保持耐心、用心和道德心吗？还是说我们会被势不可挡的、令人窒息的科技应用浪潮卷走，变得无法停下脚步认真思考？

未来在不断发展演进，而那些选择发言和选择倾听的人都会对我们现在在做出的选择产生影响。因此可以说，未来的权力架构脱胎于我们现行的权力架构。

如果你是掌权人，你一定要打心底里意识到并且承认自己肩负着责任的重担。

核心要点

☆ 技术不是价值中立的，它会逐渐找到符合现行权力和优势规则的方式来继续发展。

☆ 未来可能是天堂和/或地狱，取决于你在其中的角色和所处的位置，而这些信息，就算是我们也只有到了未来才会知道。

☆ 失去了信任，我们会退回那座由自己筛选的真相搭建的孤岛。安全依旧是最重要的。只有当我们相信自己说的话、知晓这些发言会被永远记录下来以及不会被拿来作为伤害我们的武器，我们才愿意开口发言；只有在我们主动想要被不同的观点和看法挑战时，我们才愿意认真倾听。

☆ 为集体利益去连接和创造，这样的机会是无与伦比的。为了实现这个目标，我们需要做出道德选择，而这一连串的因果让表达和倾听的意义变得前所未有的重要。

可以试试：当有人说技术改变一切的时候，问问对方"什么东西是不会变的呢？"。

引用出处

1.Groth, Iaf and Nitzberg, Mark (2018) *Solomon's Code: Humanity in a world of Thinking Machines*. Pegasus Books.

2.Rowling, J.K. (1998) *Harry Potter and the Chamber of Secrets*. Bloomsbury Publishing.

3.https://hbr.org/2017/11/a-managers-guide-to-augmented-reality.

4.https://hbr.org/2018/03/how-to-think-for-yourselfwhen-algorithms-control-what-you-read.

5.Orwell, George (2004) *1984*. Penguin Classics New Ed.

6.Fry, Hannah (2018) *Hello World: How to be Human in the Age of the Machine*. WW Norton & Company, p.42.

7.Kantor, Jodi and Streitfeld, David (2015) 'Inside Amazon: wrestling big ideas in a bruising workplace' *New York Times*, 15 August.

8.Fry, Hannah, p.25.

第八章

通往真相的六个罗经点

Chapter Eight

SPEAK UP

沟　通　博　弈

现实生活中也好，网络世界里也罢，我们与人相处的每时每刻都在围绕着"该说什么不该说什么"做选择：或者实话实说，或者带着政治动机阐述观点，或者兴致勃勃地交流想法，或者保持沉默。此外，我们也要就"什么时候听别人说，什么时候不听"做选择：是否要设身处地为对方考虑，是否要虚心学习，是否该忽略它、开始做白日梦、给出自己的判断或者准备自己接下来的发言。

时间一长，这些选择就会逐渐成为行动模式和交流习惯。

总的来说，我们的个人习惯汇总成了文化规范、政治玩法、被评估为"可行"或者"不可行"的方式方法以及在职场、社区和家庭中以创造性的方式深刻洞察和争取达成绝对一致的机会。

这些文化反过来又规定了我们的行为准则。只要时间够长，机会够多，它们就能扎下根来，甚至最终影响到我们下一代的言行举止。我们倾向于遵守这些规则，因为人是社会动物，我们需要归属感，需要被接纳、被喜爱，当然也因为我们相信这些文化规范和行为要求一定是合理且是为我们好的，否则我们也不可能发展到现在。也因此，身处一个同事都很敬业投入、富有同情心并且互相尊重的环境中，尽管我们的自信和技能都得到了大幅提升，我们还是要坚持大胆表达。当规则是"发言是安全的"和"别人在期待你的发言"，我们会遵从这个规则，然后成为创造文化的一分子。

如果身处一个政治动机导向的、充满不信任的团体里，周围都是充满了阴谋和隐秘的对话，只要一件事看上去可能有些许争议，我们都会保持沉默，不予置评。这种情况下，打破现状的风险太大了，而且话说回来，如果人人都忙着自保，我们就没有时间去思考是不是该做点不一样的事。表达自我可能需要付出沉重的代价，承担未知的风险。一种倾向于保持沉默和虚与委蛇的退化性文化大行其道，在这样的文化里，只有"合规矩"的话才能说。

如果在某一种文化环境中觉得不安，我们会倾向于认为这都是别人的错。我们会指责他人缺乏直言不讳的勇气，或者不敢谈论这个团体文化中消极的一面。而真正被这些掩盖的，是我们对自己感到失望的内心。我们知道自己有多大的能量，却没有在生活中将它们淋漓尽致地发挥出来，这都是因为我们没能走出那些把我们牢牢束缚的条条框框。

表达和倾听对我们每一个人来说都至关重要，尤其是当"戏精"们横行霸道，或是在会上提出一些无比荒谬的看法的时候。但这些都会以一种日常的、普通的，也难以察觉的方式，在时间的推移下逐渐形成社会的文化规范。

在本书中，我们想带给你的是，希望你能稍微停下脚步，将注意力放在一些具体的时刻和场景上：你表达的时候、沉默的时候、倾听的时候和拒绝倾听的时候。然后想想它们给你带来了什么，让你付出了什么，以及它们什么时候让你和其他人一展所长，什么时候又暴露了你们的缺点和短板。

　　我们希望你能进一步探索"自己为什么做出了这样的决定"的内在原因，以及邀请你检查你的作为，或者是不作为，会带来怎样的后果。发出自己的声音，并且被人听见是一种存在感的验证：它证明了我们的存在对这个世界是有意义的，也解释了为什么被禁言、被忽视会特别伤人，而且可能造成很大的恶果。要反思是什么塑造了你以及你周围人的生活并且让它们变得有意义，这并不只局限于工作场所。

　　我们将从研究发现中总结出来的关键信息都呈现在这里，希望它们能作为你的指南针，将你引上正确的方向，成为一个能对自己的真相更加了解并且运用自如的人，希望你也愿意帮助其他人进步和成长。

　　如下内容献给那些希望在"决定你是谁"和"你生活质量如何"的关键性人际关系中获得（甚至）更多透明度、真实性、尊重感和同情心的人。

第一个罗经点：表达自有其作用

　　我们会依据自身的背景、历史和个人经验来决定是否开口发声。同时，这也与此时此刻正在跟我们交流的那个人有关。然而号召其他人"对权力说出真相"往往会被认为是在给弱者施加一次强人所难的，甚至暗含指责的挑战。"他们就该多站出来发声！""他们应该敢于坚持自己的信念！"以及"如果他们想要做出改变，那大声说出来，付出行动不就好了吗！"这些都是忽略了社会压力的观点和行为，它们的出现与权力、权威和群体规则的运行方式是分不开的。

然而，我们都知道，除非有人会听我们说，以及这些话重要到我们愿意承担表达的一切后果，否则我们是不会轻易开口的。所以，这不仅是说话人的责任，听话人和整个决策群体（确定谁有权力对谁说什么）都有责任。

如果我们想拥有更加开放和真诚的人际关系，那就必须学会在特定的社会环境中表达和倾听。只把目光聚焦在表达者身上就像编排一支浪漫多情又动人心魄的世界级华尔兹，却只关注一个人而忽略了那些音乐家或者他们正在演奏的曲调。表达者和倾听者相互影响，而且密不可分，这种关系是持续的，而且根植于社会规则之中。如果想要实现变革，我们必须与这一切一起努力（而不是盯着某一个不放）。

第二个罗经点：我们认为自己比别人棒（这可能是错觉）

我们总是一次次地放过自己，不去改进自己的表达和说话方式，因为我们总是更喜欢盯着别人（尤其是他们的错误）不放。我们感觉自己平易近人，也非常善于表达自己的观点，只要其他人别来指手画脚，让我们放飞自我就好。而且，如果其他人改正了他们的不足，我们甚至还能发挥得更好。

我们的调查结果显示，几乎所有受访者都认为他们比自己的老板更优秀。可是，如果去问受访者的直接下属，又会得到一个全然不同的视角。因为我们不对彼此开诚布公，所以对于别人的看法和评价，我们都享受着无知带来的幸福感。进一步讲，我们甚至把自己看作处在我们所创造的文化之外的"局外人"。

事实上，即使围绕在身边的是一群政治野心很强、极不真实和最以自我为中心的人，我们仍然有机会改进自己向系统发出的信号。我们要坚定决心，用巧妙的方式去改变"沉默"这种文化常态，同时也学习、进步以及激励其他人。比起絮絮叨叨又不肯行动、只想等着同事，尤其是老板出手改变，主动的效果和影响都要大得多也好得多。

每次，当我们对自己参与的会议或者谈话感到不满意或者有想法的时候，都需要问问自己："这种结果的出现有哪些部分是我的原因？"

第三个罗经点：我们对权力的看法影响着一切

我们对自己拥有的相对权力的认知极大地影响着我们是否会表达和倾听，以及如何表达和倾听。但我们很少会注意到，也很少有人会质疑：其实最初我们对权力差异的评估或许是比较片面和静态的。我们倾向于在脑子里形成一种观念，然后以它来指导我们的行为。又或者，如果我们不确定自己的相对地位和权威性，我们就会求稳，什么也不做。

我们总把权力想象和描绘成一个能占有的物件，或者是一个限量的东西。我们觉得有些人有权力而有些人没有，例如首席执行官掌权而中层经理无权，白人、男性、接受私立教育的老板掌权而来自少数群体的人无权。

当我们跟别人产生交集，我们一定会判断彼此的相对权力，进而让自己知道该如何与对方相处。但是，我们的这些看法是主观的，还会随着环境、情绪以及当前社会对于"谁该说、谁不该说和谁说的话算数"的看法而改变。

如果我们从这三方面来看待权力，或许会获得更多的启发和变通：主观性、动态变化性和与环境强相关性。这样能让我们更清晰地看到：我们对于权威性的感知是随情况的变化而变化的；我们所认为的弱小也并不是一个固定的事实；我们觉得别人好像很强大，但他们本人心里或许并不这么觉得。

于是问题就变成了"我什么时候会觉得自己势强/势弱？为什么？"和"这背后的假定和判断有哪些？它们可能会受到什么样的挑战？"，而最后我们都会问同样的问题"在这里，我们该怎样构建权力？"以及"在我们的设想里，什么体现着权力和地位？我们以这种方式看待权力会有什么样的后果？"。

然后我们就这样让权力走出阴影区，走进阳光里，我们也可以开始随之改变习惯和文化了。

第四个罗经点：我们对自己的权力视而不见，因此也意识不到自己是如何让别人不敢开口的

尽管我们容易意识到自己什么时候手中无权，却不太容易发现别人其实觉得我们大权在握，甚至更加意识不到其他人在害怕我们。

我们总觉得自己平易近人，也无法理解为什么别人一副吞吞吐吐、犹犹豫豫的样子，如果别人这样做被我们看见了，绝对少不了一顿骂。"老实说，搞得好像我有多可怕似的（还吓得他们不敢说话了），但他们本就应该有话直说啊，看在上帝的面子上！"

如果拥有像首席执行官这样的高级头衔，我们对自己权力的认知可能会稍微清醒那么一点点，但即使有这种头衔，我们还是很容易忘记它的含义。当我们"只是一个平平无奇的管理人员"或者并没有什么正式头衔在身的时候，我们容易忘记别人还可能会因为性别、种族、年龄、性格、外貌、关系网而害怕我们，有时候甚至仅仅因为我们碰巧让他们想起生命某个阶段里的某个"大人物"。

当务之急是，我们得承认自己的权力，并且对种种场景进行反思：别人觉得我们惹不起，决定缄口不言；想让我们帮他们传递他们认同的真实或者政治态度，所以刻意把话打磨包装好了再说给我们听。这往往是我们最大的盲点，因为我们眼里心里都塞满了（而且还很认同，觉得很理所当然）"大家在这里都是平等的"这样的道理。对权力更大的人来说，还有一句更典型的"我还是以前那个我，一直没变过"。

第五个罗经点：真相定义了我们的行为和影响

我们关于表达和倾听的选择是由很多因素决定的，到现在，我们应该对这点或多或少有所了解了。我们的研究发现有五个问题与这一切紧密相关，也就是说，我们能从这五个方面进行反思，进而提升自己的交流能力。TRUTH框架提示的内容有：

☆ 你有多信任自己观点的价值？别人的观点呢？

☆ 你在表达时会面临什么样的风险？别人在对你表达时呢？

☆ 你是否明白关于"谁能/不能对谁说什么"的规矩？

☆ 你是否意识到自己给别人，以及别人给自己的头衔和标签？它们对"谁有/没有发言权"产生了什么样的影响？

☆ 你知道如何选择正确的词语，在正确的时间向别人表达你的观点吗？你知道如何用巧妙的话在合适的时间鼓励别人对你敞开心扉吗？

　　对这些方面开展缜密的研究都必须以意识到我们现在的TRUTH习惯为开始。如果是不好的习惯，也要想办法改正，而不是一味希望它们消失或者无视它们。通过这样做，我们开始意识到自己与人互动的每时每刻具有怎样惊人的复杂性，以及开始以开放的心态接受不同的选择和习惯带来的可能性。

第六个罗经点：我们的选择决定了我们的人生以及其他人的人生

　　你为自己在如今这个世界上的生存和行为方式感到自豪吗？与你共事的某个人的言行举止是否曾经让你羡慕又钦佩？

　　在思考这些问题该如何回答时，你十有八九想到那些你说过的话、你周围同事说过的话以及你们是如何倾听的。如果同事遭受不公待遇时，你冷眼旁观；如果同事挑战老板时，你保持沉默（尽管你心里也有同样的不满）；如果你心里有一个能帮助你提升产品质量、改进服务或者是改善关系的好点子，却因为缺乏自信而选择不说或是在老板的老板面前不敢开口分享，那你的自我价值感就会一点点被消磨殆尽。不仅如此，你周围的人也会逐渐对你失望。

　　可是，如果你的价值观受到质疑，如果别人被恶劣对待，你都能站出来清晰地表明自己的态度，而在你的想法不被他人接受和重视时还能坚持尝试，直到被其他人接受，不仅你自己会觉得神清气爽、充满干劲，其他人也会把你当作榜样而另眼相看。

如果你表达的时候就想压别人一头，走流程似的询问别人的意见但其实心里并不在意；如果你真的忙到不能跟同事们有交流互动，那么，随着时间的推移，你同样也会觉得难受，而你周围的人也会渐渐放弃经营跟你的关系。这时候，你创造出的就是一个让别人都闭嘴的文化，然后将自己隔绝在一个能随便发言的小世界里无法自拔。

然而，当你带着好奇心靠近其他人时，如果你尊重他们就能看到他们在你发自内心的认真倾听中得到了成长；如果你向他们表示过自己是如何被他们的发言深深打动和影响，那不仅你能收获满足，别人也会感受到感激、温暖和被尊重。你创造出的则是一种相互交换的文化，在这种文化里，人们既是语者，也是听众，会被别人的话以及其他人对他们说的话打动。这是一个互相学习，而不是相互歧视的世界。

你的习惯影响着你对自己的态度：对自己感到自豪还是失望？此外，习惯还决定着别人对你的看法：认为你是一个榜样还是一个需要解决或者克服的障碍？

从现在开始，设定好自己的罗盘

今天，你会在什么样的谈话里做出改变呢？如果你想从你说话的内容或方式、交谈的对象以及谈话的深度这些方面做出一点小改变，结果会是什么样呢？如果你能通过改变表达或者倾听的方式让别人的生活变得美好，哪怕只美好了一点点，那又该是一番怎样的景象呢？

我们并不是在苛求你要变得完美，或者是活成别人的样子。我们寻求的是一种拓宽——一次对话一次对话地来——让自己能活得更加充盈、上进、富有爱心和创造力、乐观积极。

我们衷心希望，这本书能对你有所帮助。

附录
本书的研究

我们研究的目的是对人们在工作中表达和倾听的方式起到积极影响。我们选择的研究方式旨在从多个角度来深入、严谨、实事求是地接触工作的世界。

本书的相关研究基于如下假设：

☆ 工作场所的真相和权力是非客观的，也不能被简化为单一的、包罗万象的定义。对我们来说，这两者是一种"社会构建"[1]，存在于一种特定的背景环境、特定的关系网以及特定的工作场所中。它们紧密相连，密不可分。

☆ 工作场所的研究员和实验室研究员不同。他们会围绕着"如何说出真相和权力"积极发散出特定的观点（故事）。不过也因为这样，我们自己的权力关系、我们"看谁在我们眼中是掌权者"的过程，都会不可避免地对报道和呈现出的真实产生影响。[2]

☆ 不同的标签，像是"研究人员""教练""导师"和"顾问"，会导致人们以非常不同的方式跟我们进行接触。这些都需要严格反思并且在展开研究的时候积极地做选择。

☆ 在调查研究时，我们或许会改变对方理解世界的方式。我们的方法（包括我们最终的出版内容和结果）可能会改变受访者、被调查者、研讨会与会人员以及合作调查小组成员和他们的同事对话的方式。而这些又可能会进一步导致他们所在组织的系统发生改变。从这个角度来看，我们的研究过程对研究本身来说就成了一种干预。对此，相应的伦理问题就需要越发严肃认真地考虑清楚。[3]

☆ 研究伴随生活发生，而不是一个专门独立的项目，我们所扮演的各种不同的职业角色和个人角色无法随意分割，也因此，所有的对话和经历都成了"研究"工作的一部分。[4]

鉴于"真相和权力在工作场所如何运行"的观点是混乱、多视角且主观的，我们采用了多种研究方法相结合的策略。具体有：

☆ **一对一采访**：2015年到2018年间，我们采访了150多个人。其中有一些记录在册，大多数受访者则是没有被记录下来的（毕竟我们发现，让别人对我们就开口表达的问题来"开口"是一件怪讽刺的事）。呈现他们的内容时，本书也做了不同程度的伪饰和匿名。绝大多数内容都得到了仔细编排、审核以及正式批准，而有一些则没有——要么是因为没有收到对方关于申请的回复（这种情况下就不会使用该故事），要么是对方直接放权让我们以合适且明智的方式使用素材。

☆ **两个主要调查**：第一个被我们称为"诊断"，它为最初的调查阶段提供支持，并且给我们提供了超过500份个人受访者的回复。2018年，一套定量且定性的"向权力说真话"调查问卷被设计出来，并且在全球范围内展开。迄今为止，已经收到了超过3500份回复。围绕这次调查而拟写出的同名报告可以在www.meganreitz.com网站[5]上查询并下载，一并还能查到关于诊断研究和最初调查报告的详细信息（标题为《被别人消音和让别人静音》）。

☆ **人种志研究**：我们自2015年开始的一系列研究和其他专业工作都见证了我们与组织中各个阶层的人接触并开展阶段性合作的全过程。我们接触了12个不同的组织，有时是正式签订合同进行研究，有时是牵头制订具体计划推动"向权力说真话"。人种志研究要求参与正式与非正式的职场活动、观察和采访。[6]

☆ **合作调查**：合作调查[7]（CI）定期召集一个小组来讨论共同感兴趣的某个话题、设计行动方法然后反思这些行动带来的后果。小组所有成员既是研究人员也是研究对象，作为作者，我们也会充分参与其中。第一个CI小组调查开展于2015年到2016年间，第二个于2017年到2019年。总共有18个成员，涉及组织的各个职阶（大多数是高级别）。小组成员探索了他们在工作场合以及在CI小组内表达和倾听的个人经历。这项活动重点在关注对权力和发声的实时反应，让CI小组发现和分析对于表达和倾听的即时想法、感受和反应。

☆ **研究和应用研讨会**：从2015年起，我们通过独立主办、联合举办等方式组织了大约100场研讨会。起初是为了探讨新的见解和框架，后来则是试验这些想法在人们实际工作生活中能起多大作用。

☆ **管理文献全面回顾**：在来自阿什里奇的维克托·尼尔森的密切支持下，我们回顾研读了50多份相关领域的论文。我们的文献综述也基于梅根的博士论文[8]，以及她作为阿什里奇高管教育学院组织变革管理博士的教授和导师的角色[9]。约翰的贡献则出自他与阿什里奇高管教育学院组织变革方向的博士和硕士近20年的合作，他与这些学生和老师一起撰写和研究相关课程的理论和实践内容[10]。

☆ **社会和专业对话**：我们个人以及作为教练、顾问和导师的专业身份让我们接触到各行各业、各种各样的人，以及他们很少公开承认的一些对工作的认知。

☆ **第一人称研究、个人监督和反思**：研究开展的整个过程中，我们都受到同事的监督，我们自己也会花时间反思自己对构建我们之间的真相与权力的看法与体验。我们参与了"第一人称"行动研究[11]，其中包括仔细关注与反思自己在谈话中的习惯。梅根用她的正念方法为这项研究提供了支持，约翰继续与他的荣格分析师开展长期工作，注意观察他自己的行为模式。

通过这一系列的努力研究，我们得出了这些见解，而且我们有理由相信，对深陷复杂多样又变幻莫测的职场生活中的人来说，这些稍显独特的观点应该能有所帮助。

引用出处

1.See Gergen, K. (2009) *An Invitation to Social Constructionism*. Sage, UK.

2.Coghlan, David (2011) Action research: exploring perspectives on a philosophy of practical knowing. *The Academy of Management Annals* 5 (1), 53–87.

3.King, K. (2010) World views matter. In King, K. and Higgins, J. (Eds) *The Change Doctors: Re-imagining Organisational Practice*. Farringdon: Libri publishing, pp. 2–4.

4.Coleman, G. (2015) Core issues in modern epistemology for action researchers: Dancing between knower and known. In Bradbury, H. (Ed.) *Handbook of Action Research*. London: Sage, 3rd ed., pp. 392–400.

5..https://www.meganreitz.com.

6.Denzin, N. K. (1997) *Interpretive Ethnography*. Thousand

Oaks, CA: Sage.

7.Heron, J. and Reason, P. (2001) The practice of co-operative inquiry: Research 'with' rather than 'on' people. In Reason, P. and Bradbury, H. (Eds) *Handbook of Action Research: Participative Inquiry and Practice*. London: Sage, pp. 179–188.

8.Reitz, M. (2015) *Dialogue in Organizations: Developing Relational Leadership*. Palgrave McMillan, UK.

9.http://www.hult.edu/en/executive-education/qualifications/ doctorate-in-organizational-change/.

10.King, K. and Higgins, J. (2014) *The Change Doctors: Re-imagining Organisational Practice*. Farringdon: Libri.

11.Marshall, J. (2016) *First Person Action Research*. Sage, UK.